Adelheid Salitz-Schatten

40 Jahre

Dietrich-Bonhoeffer-Schule

Chronik

der evangelischen
Grundschule Pulheim

Um die Umwelt zu schonen und um die neue Technologie zu fördern, die 1999 in Washington mit dem Smithsonian Award für eine Innovation in der computergestützten Informationstechnologie ausgezeichnet wurde, wird dieses Buch als „Book on demand" (Buch auf Anfrage) veröffentlicht. Das bedeutet, dass nur die Bücher gedruckt werden, die tatsächlich einen Käufer finden. Somit müssen nicht viel zu viele Bäume gefällt werden, um das Papier für eine möglicherweise zu hoch kalkulierte Auflage zu liefern, und auf der anderen Seite entfällt die Lagerhaltung und schließlich die Entsorgung – das „Einstampfen" – von unverkäuflichen Restexemplaren.

Impressum

Copyright © April 2001

Layout / Satz: Adelheid Salitz-Schatten
Umschlaggestaltung: Adelheid Salitz-Schatten

Herstellung: Books on Demand GmbH

ISBN: 3 – 8311 – 1711 - X

Vorwort der Autorin und Schulpflegschaftsvorsitzenden, Dr. Adelheid Salitz-Schatten

Im Jahre 2000 wurde die Dietrich-Bonhoeffer-Grundschule in Pulheim 40 Jahre alt. Damit ist sie die zweitälteste Schule überhaupt in Pulheim; im Alter übertroffen wird sie nur von der Grundschule in der Bachstraße, aus der sie als evangelische Volksschule nur wenige Jahre nach dem zweiten Weltkrieg hervorging.

Als Schulpflegschaftsvorsitzende einerseits bin ich natürlich der Schule eng verbunden, als Redaktionsmitglied unserer Schulzeitung andererseits immer auf der Suche nach interessanten Themen. Als das 40jährige Jubiläum anstand, hatte ich eigentlich „nur" eine Art Sonderausgabe der Zeitung geplant, ein Heft, das vielleicht ein bisschen dicker ist als normal und sich nur mit der Schule, ihrer Geschichte und den geplanten Feierlichkeiten beschäftigt.

Aber als Herr Thomas, unser Rektor, mir freundlicherweise die Schulchronik zur Verfügung stellte, sollte dann doch alles ganz anders kommen ...

Staunend erfuhr ich als „nicht-eingeborene" Pulheimerin, dass die evangelische Grundschule – damals noch „Volksschule" - unter wahrhaft schwierigen Umständen kurz nach dem zweiten Weltkrieg entstand, in einer Zeit, als man sich erst allmählich von den Schrecken des Krieges zu erholen begann. Die Schülerschaft der damals einzigen – katholischen - Pulheimer Schule in der Bachstraße war eine bunt zusammengewürfelte Schar von Kindern, von denen einige im Krieg arg gebeutelt worden waren durch den Verlust eines Familienmitglieds oder zumindest durch schwere Einbußen an Hab und Gut. Den Lehrern bot sich also in der ersten Zeit nach Wiederaufnahme des Unterrichts oft im wahrsten Sinn des Wortes ein Bild des Jammers.

In dieser Zeit wurde ein Teil der Kinder in eine separate, neu eingerichtete evangelische Klasse versetzt. Gab es vor dem Krieg in Pulheim kaum evangelische Kinder, änderte sich das durch den Zuzug der größtenteils evangelischen Aussiedler. Der Aussiedlerkinder-Anteil in dieser Klasse war sehr hoch. So musste der Lehrer, der selber noch mit den Nachwirkungen des Krieges zu kämpfen hatte, Tag für Tag den Kindern mit sehr viel Feingefühl begegnen. Allmählich schaffte er es jedoch, aus der inhomogenen Kindergruppe eine Klassengemeinschaft werden zu lassen, in der die Kinder sich auch ein bisschen zu Hause und geborgen fühlen konnten.

Wie Sie wissen, ging die Geschichte gut aus: die evangelische Klasse wurde immer größer, bekam zunächst Platz im Anbau, der aber nicht lange reichte, und zog dann schließlich 1960 in das neu erbaute Schulgebäude in der Auweiler Straße um. Zur Einweihung bekam die Schule den Namen „Dietrich-Bonhoeffer-Schule".

Seit der Einweihung der Dietrich-Bonhoeffer-Schule sind 40 Jahre vergangen; auch wenn die Umstände längst nicht mehr so kompliziert und schwierig wie in den Anfängen der evangelischen Schule waren, hat sie doch in der Zwischenzeit schon einiges erlebt. In und an der Schule hat sich einiges getan, was nachhaltig ihr inneres und äußeres Bild geprägt hat.

Die Zeiten waren nicht immer schön und auch nicht immer einfach, das Schicksal und die Ereignisse haben der Schule einige Probleme übergestülpt: es gab eine Überschwemmung im

Keller, einen Brand im Pavillon, einige Einbrüche und Diebstähle, es kam mit 560 Kindern zu einer totalen Überfüllung...
Aber all diese holprigen Zeiten hat die Schule unbeschadet überstanden. Oft fanden die schwierigen Phasen - nicht zuletzt durch den guten Zusammenhalt zwischen Lehrern und Eltern - sogar ein gutes Ende: so bekam die Schule aufgrund der Kellerüberschwemmung ein eigenes Telefon, aufgrund der jahrelangen Überfüllung einen Anbau, aufgrund der organisatorischen Schwierigkeiten beim Schulturnen eine eigene Turnhalle.

Sie sehen, sogar beim Vorwort gehen mit mir „die Pferde durch": es gibt so viel zu erzählen über unsere Schule! So viele Fotos aus der Schulchronik, so viele Erinnerungen von Eltern, sogar von Großeltern, die früher selbst Schüler der evangelischen Schule waren, stürmten auf mich ein, dass ich schon bald einsah, dass ein Sonderheftchen der Schulzeitung nicht ausreichen würde. Und so wurde ein richtiges Buch daraus – das vorliegende -, das natürlich auch mit viel mehr Arbeit verbunden war als ursprünglich geplant und deshalb auch den zeitlichen Rahmen etwas dehnte.

So musste ich all die Interessierten, die immer wieder nachfragten, wann das „Jubiläumsbuch" denn endlich fertig ist, immer wieder auf einen späteren Zeitpunkt vertrösten. Aber ich hoffe, dass sie sich nun um so mehr über ein Buch freuen, in dem sie vieles nachlesen können: nicht nur lange Vergangenes, sondern auch gerade Gewesenes, an dem sie mit ihren Kindern selber beteiligt waren.

So ist dieses „Schulbuch" ein etwas anderes Jubiläumsbuch geworden. Es endet nicht vor Beginn der Jubiläumsfeiern wie die meisten sonst üblichen Werke, sondern berichtet auch noch über alle Ereignisse im Jubiläumsjahr, über die bunten und fröhlichen Festlichkeiten, die einen ganz wichtigen Aspekt unserer Schule widerspiegeln: den Zusammenhalt der Gemeinschaft aus Schülern, Lehrern und Eltern, die es immer wieder schaffen, durch gemeinsames „an einem Strang ziehen" eine Menge auf die Beine zu stellen.

Die beiden Aufführungen des Theaterstücks „Peterchens und Annelieses Mondfahrt" im Dr.-Hans-Köster-Saal waren ein ganz besonderes Ereignis im Rahmen der Jubiläumsfeiern. An diesem Stück beteiligten sich alle Kinder unserer Schule – immerhin über 300. Einer unserer langjährigen Rektoren, Herr Dally, hatte vor vielen Jahren diese Schul-Theateraufführungen ins Leben gerufen, damit jedes Kind wenigstens einmal in seinen vier Grundschuljahren an einer solchen großen Gemeinschaftsaktion teilnehmen kann.
Das Jubiläum in dieser Weise zu feiern, zeigt, dass unsere Schule den Blick nicht nur nach vorne auf den unaufhaltsamen Fortschritt in Gesellschaft und Bildungspolitik richtet, sondern dass ihr auch das Beibehalten solcher schönen Traditionen sehr wichtig ist.
Aber das Buch soll nicht nur eine Aneinanderreihung von vergangenen Ereignissen sein. Auch die wichtigsten Personen unserer Schule kommen zu Wort: unsere Kinder. Gesammelte Zitate aus jüngerer Zeit zeigen, dass sie ihre Schule gern haben und sich in ihr und mit ihr wohl fühlen. Dieses Wohlgefühl wird auch bei den guten Wünschen deutlich, die von den Kindern bei den Jubiläumsfeierlichkeiten im September als „Blätterwald" an eine junge Birke gehängt wurden.
Als Ausblick auf die Zukunft bilden diese Wünsche denn auch das Schlusswort des Buches – was könnte man dem noch hinzufügen ?!?

In meiner doppelten Funktion als Mutter und Schulpflegschaftsvorsitzende wünsche ich der Schule für die nahe und ferne Zukunft nur das Beste, was auch immer an äußeren und inneren

Änderungen, an Um- und Anbauten, an Schulreformen und pädagogischen Umwälzungen auf sie zukommen mag.

Allen am Schulbetrieb Beteiligten – Schülern, Lehrern und Eltern – wünsche ich im wahrsten Sinn des Wortes „Frohes Schaffen": beim Lehren und Lernen, bei Projekttagen, Schulfesten, Ausflügen und Sportveranstaltungen.

„Also lautet der Beschluss, dass der Mensch was lernen muss...", so sprach schon Wilhelm Busch. Ich wünsche der Schule auch für die Zukunft ein angenehmes „Betriebsklima", so dass das Lernen allen „Betroffenen" richtig Spaß macht!

(Adelheid Salitz-Schatten)

Danksagung

Ohne den unermüdlichen Fleiß der Rektoren unserer Schule, die viele Ereignisse in der Schulchronik niedergeschrieben, teilweise kommentiert sowie entsprechende Zeitungsartikel und Fotos gesammelt und eingeklebt haben, wären sicherlich viele Vorkommnisse in Vergessenheit geraten. So ist mit der Chronik ein spannendes Zeitdokument entstanden, das viele interessante Einzelheiten zur Geschichte Pulheims enthält.

Auch wenn das vorliegende Buch nur einen Autor hat, sind letztendlich doch eine Menge Leute daran beteiligt und haben dazu beigetragen, dass es ein so dickes Werk mit viel Geschichte(n) über unsere Schule geworden ist.

Allen voran möchte ich ganz herzlich unserem Rektor Herrn Thomas danken, der mir bereitwillig die Schulchronik mit sämtlichen Fotoalben zur Verfügung gestellt hat, mich in jeder Hinsicht unterstützt und sich immer wieder die Zeit genommen hat, meine vielen, vielen Fragen zu beantworten.

Viele Lehrer, Eltern und Großeltern haben mit ihren Erinnerungen an längst vergangene Zeiten die zahlreichen Notizen und Einträge in der Schulchronik zum Leben erweckt. Ergänzende Beiträge in Wort und Bild bekam ich von: Frau Gorke (Erinnerungen an ihre eigene Schulzeit), Frau Kaiser (Fotos vom Karnevalszug 2000), Frau Kühn (Fotos von verschiedenen Veranstaltungen sowie Textbeitrag über die Schulbücherei), Herrn Leitzgen (Dokumente zur Entstehung der Betreuenden Grundschule), Herrn Thomas (Fotos von verschiedenen Veranstaltungen). Ihnen allen möchte ich ganz besonders danken.

Herrn Dr. Morisse, Herrn Dr. Dornseifer, Herrn Thomas und Herrn Dally möchte ich ganz herzlich für ihre Grußworte danken.

Mein Dank gilt auch den Pulheimer Geschäftsleuten, die mit ihrem Werbebeitrag die Drucklegung des Buches ermöglicht haben.

Zum Schluss möchte ich allen Eltern und Lehrern danken, die mir durch ihre gespannte Erwartung während meiner Arbeit an diesem Buch immer wieder gezeigt haben, dass mein Entschluss, mich auf dieses Unterfangen einzulassen, richtig war.

Anmerkung

Ein großer Teil der abgebildeten Fotos stammt aus der Schulchronik. Sofern mir der Name des Fotografen bekannt war, habe ich ihn angegeben, in allen anderen Fällen war keine Zuordnung möglich.

Die meisten Zeitungsartikel, die ich der Schulchronik entnommen habe, waren mit dem Namen der Zeitung und dem Erscheinungsdatum gekennzeichnet. In diesen Fällen habe ich die entsprechenden Daten vermerkt. Bei einigen Artikeln konnte ich die Quelle im nachhinein nicht mehr ausfindig machen, aus diesem Grund fehlen an einigen Stellen die Angaben zur Herkunft.

Einen großen Teil der Hintergrund-Informationen zur Geschichte der Stadt Pulheim habe ich der Reihe
„Pulheimer Beiträge zur Geschichte und Heimatkunde" (Herausgeber: Verein für Geschichte und Heimatkunde e.V.)
sowie dem Buch
„Stadt Pulheim – Geschichte ihrer Orte von 1914 bis zur Gegenwart" von Josef Wißkirchen (Sonderband des Vereins für Geschichte und Heimatkunde e.V.)
entnommen.

Die Informationen zur Biographie Dietrich Bonhoeffers stammen aus dem Buch
„Bonhoeffer" von Eberhard Bethge (rororo Bildmonographien).

In einem solchen Kasten finden Sie Zitate aus der Schulchronik. Wegen der eindeutigen und unverwechselbaren Kennzeichnung wurde den meisten Fällen auf den separaten Hinweis, dass es sich um ein Zitat aus der Schulchronik handelt, verzichtet.

Die folgenden Grußworte von

Herrn Dr. Morisse (Bürgermeister der Stadt Pulheim),
Herrn Dr. Dornseifer (Schuldezernent der Stadt Pulheim),
Herrn Thomas (Rektor der Dietrich-Bonhoeffer-Schule) sowie
Herrn Dally (ehemaliger Rektor der Dietrich-Bonhoeffer-Schule)

wurden geschrieben anlässlich des

40jährigen Bestehens der Dietrich-Bonhoeffer-Schule Pulheim

Grußwort des Bürgermeisters, Dr. Carl August Morisse

Vor 40 Jahren hat die frühere Evangelische Volksschule und heutige Grundschule ihr Gebäude an der Auweilerstraße bezogen und sich den Namen Dietrich-Bonhoeffer-Schule gegeben. Im Namen von Rat und Verwaltung wie persönlich gratuliere ich allen, die froh und dankbar sind, dass es diese Schule gibt, herzlich zum Jubiläum.

Eine Schule ohne eigenes Haus hat es unendlich schwer, eine Identität zu entwickeln. Aus diesem Grunde war der Neubau an der Auweilerstraße für die ev. Volksschule von zentraler Bedeutung. Erst mit seinem Bezug konnte sie ihr unverwechselbares Profil entwickeln. Es freut mich, dass das Jubiläum nicht unbemerkt vorübergeht. Die Entscheidung, es zu feiern, macht deutlich, dass die Schulgemeinde stolz auf ihre Schule ist und den Wunsch hat, alle zusammenzuführen, die sich ihr verbunden fühlen: die Kinder, das Kollegium, die Eltern, die Förderer, das nicht lehrende Personal, die Ehemaligen und darüber hinaus viele Pulheimer Bürgerinnen und Bürger.

Das Klima an der Schule stimmt. Obwohl die Menschen, die die Atmosphäre prägen, im Laufe der vier Jahrzehnte vielfach gewechselt haben, ist es ihr gelungen, den von Anbeginn in ihr herrschenden guten Geist zu bewahren und für die bestmögliche Entwicklung des Nachwuchses zu sorgen. Ich weiß dies aus eigenem Erleben als Vater von zwei Töchtern, die ihre Grundschulzeit in der Auweilerstraße noch in bester Erinnerung haben.

Der Name Dietrich-Bonhoeffer-Schule verpflichtet unverändert. Tag für Tag lesen und hören wir von Menschen, die wegen ihrer Abstammung oder Hautfarbe diskriminiert werden. Es bleibt deshalb wichtig, den Kindern nahe zu bringen, dass die Würde des Menschen unantastbar ist und ihnen zugleich die Zivilcourage zu vermitteln, die notwendig ist, um jedweder Form von Unrecht aktiv entgegenzutreten.

Allen, die sich in den vergangenen 40 Jahren um die Schule verdient gemacht haben, sage ich Dank. Zugleich möchte ich auch denjenigen danken, die zusammen mit dem Schulleiter, Herrn Bernhard Thomas, bereit waren und sind, viel Zeit und Mühe in die Jubiläumsaktivitäten zu investieren. Zu diesem Kreis gehört die Schulpflegschaftsvorsitzende, Frau Dr. Adelheid Salitz-Schatten, die sich verdienstvoller Weise die Aufgabe gestellt hat, die Geschichte der Schule zu beschreiben und sie damit vor dem Vergessen zu bewahren.

In herzlicher Verbundenheit wünsche ich der Dietrich-Bonhoeffer-Schule für die Zukunft alles erdenklich Gute.

(Dr. Karl August Morisse)

Grußwort des Schuldezernenten, Dr. Gerhard Dornseifer

Zum 40jährigen Jubiläum der Dietrich-Bonhoeffer-Schule gratuliere ich herzlich.

Als eine von drei Bekenntnisschulen nimmt die Evangelische Grundschule einen wichtigen Platz in der Schul- und Stadtgeschichte Pulheims ein.

Der Weg, den die Schule an der Auweiler Straße genommen hat, war wahrlich mit Hindernissen gepflastert. Für die Familien und die Kinder der vielen Vertriebenen und Spätaussiedler, die in die Ford-Siedlung einzogen, war die neu gegründete Schule ein Hort, der Integration ermöglichte.

Sie war schnell Heimat für über 300 Schüler und wuchs bald auf über 400 Schüler an. Infolge der durchaus nicht einfachen Umstände, sowohl der räumlichen Unterbringung wie der Aufgabe, in einem katholisch geprägten Umfeld einen eigenen Platz einzunehmen, hat die Schule heute ein eigenes Profil entwickelt.

So ist sie einerseits dem Programm verpflichtet, welches sich mit dem Namen Dietrich Bonhoeffer verbindet. Sie setzt auf Toleranz und Orientierung in einer hektischen und oftmals beziehungslosen Welt. Andererseits ist sie offen für die Herausforderungen der Gegenwart. Auf sicherem religiösen Fundament stellte sich die Grundschule schon früh auf die Ansprüche der Internetzeit ein. Vorbildlich werden die neuen Medien in den Unterricht integriert.

Der Schulleitung, den Lehrerinnen und Lehrern, der engagierten Elternschaft und den Schülerinnen und Schülern ein herzliches Glückauf.

(Dr. Gerhard Dornseifer)

Grußwort des Schulleiters, Bernhard Thomas

Ein Grußwort soll es werden, so hieß es, ein Grußwort als Einleitung zum Jubiläumsbuch „40 Jahre Dietrich-Bonhoeffer-Schule".

Als erster Gedanke stellt sich dann die Frage nach dem Empfänger ein. Ganz klar, alle Empfänger werde ich grüßen, denn alle anderen lesen dieses Buch ja nicht. Nur wer sind die Empfänger? Sind es all jene, die die Geschichte der Dietrich-Bonhoeffer-Schule mitgeschrieben haben, die Lehrer und Eltern, die seit vielen Jahren schon an unserer Schule wirken. Viele Eltern schicken ja schon ihr drittes oder viertes Kind zu uns und sind offenbar sehr zufrieden.

In diesem Zusammenhang sehe ich auch ein erstes bezeichnendes Kriterium dieser Schule: **Beständigkeit.**
Das Kollegium hat sich – wenn wir die Chronik betrachten – natürlich im Laufe der vergangenen 40 Jahre immer wieder in einzelnen Fällen verändert, der Gesamtstil ist aber gleich geblieben:

Offenheit gegenüber Neuem, **herzlich warme** Aufnahme von neuen Menschen – Lehrer wie Schülern - , aber auch **Fleiß** und **Geradlinigkeit** sind die Eigenschaften, die dieses Kollegium auszeichnen.

Aber eine Schule funktioniert schließlich nur, wenn alle an ihr Beteiligten mitwirken und eingebunden sind. Die Eltern unserer Kinder, die uns anvertraut worden sind, haben schließlich selbst genug zu tun. Vielleicht ist es eine weitere Eigenschaft der Dietrich-Bonhoeffer-Schule, die vorherrscht, nämlich die Fähigkeit aller zur **Kooperation,** ohne dabei auf den vermeintlichen Verlust von Terrain zu achten.

Loyalität und **freundliches** wie **freundschaftliches Verhalten** verstärken den Zusammenhalt. Beides findet der Beobachter überall, gleichgültig ob er bei den Schülern und Eltern sucht , im Lehrerzimmer oder in der Verwaltung.
Auf das Schulprofil hin angesprochen, sind all diese Eigenschaften diejenigen, auf die wir stolz sind, die wir hochhalten und pflegen und ich glaube, die auch den Erfolg ausmachen.

Seit nunmehr vier Jahren bin ich der Rektor der Dietrich-Bonhoeffer-Schule und habe all diese beschriebenen Eigenschaften sehr rasch ausmachen können. Sie sorgten auch bei mir schnell dafür, dass ich mich eingebunden fühlte. Von Anfang an genoss ich ein ganz spezifisches Symptom für die Offenheit. Jeder, der die Schule besucht, beobachtet die offenen Türen der Klassenräume auch während des Unterrichts. Dieser Zustand wäre in der nordrhein-westfälischen Schullandschaft als Verordnung nicht umzusetzen, er ist vielmehr der Ausdruck des Denkens, denn dort muss diese Eigenschaft liegen, sonst helfen Äußerlichkeiten nicht viel.

So sehr ich mich gerne mit diesen und anderen positiven Attributen unserer Schule schmücken möchte, so sehr aber bin ich mir des wahren Kerns bewusst, der erst eine Schule zu einer so erfolgreichen Institution werden lässt:

Schule ist Gemeinschaftsarbeit.

Nur das in Teamwork vereinigte System kann erfolgreich sein. Erhebliche Stärken aber auch punktuelle Schwächen einzelner werden durch die Gruppe ausgeglichen, daher gilt letztlich mein Gruß und Dank allen Beteiligten:

Ich danke daher
- den Eltern für ihre dauerhafte positive Bereitschaft mitzuarbeiten und ihre Freizeit einzubringen,
- den Lehrern, der Hausmeisterin und der Schulsekretärin für Fleiß, Ideen und Engagement und
- der Pulheimer Schulverwaltung für Gelder, Einsatz und den Willen, wo sie nur kann, uns zu unterstützen.

All dies gilt beständig für die letzten 40 Jahre.

Ich möchte mein Grußwort nicht schließen, ohne mich besonders zu bedanken bei Frau Dr. Adelheid Salitz-Schatten, unserer derzeitigen Schulpflegschaftsvorsitzenden, ohne deren unermüdliche Arbeit dieses Buch und so manche Aktivität nicht zustande gekommen wäre.

(Bernhard Thomas)

Grußwort des ehemaligen Schulleiters, Alfred Dally

Im Lande sollten gute Schulen sein! Die Stadt Pulheim kann sich rühmen, sie zu haben, und die Dietrich-Bonhoeffer-Schule ist eine von ihnen.

Das 40-jährige Bestehen dieser Schule wurde beeindruckend mit zwei großartigen Aufführungen des Märchens „Peterchens und Annelieses Mondfahrt" im Dr.-Hans-Köster-Saal gefeiert.

Zu diesem besonderen Anlaß ist auch die vorliegende Festschrift verfaßt worden – ein ehrenhaftes wie wertvolles Unternehmen. Ein Dankeschön gilt hier allen Beteiligten – besonders auch Frau Dr. Salitz-Schatten, der Initiatorin des Schriftwerkes, die in mühevoller Arbeit alles zusammentrug, was die Geschichte hergibt und wie sich die Schule gegenwärtig darstellt. Eltern und Kinder, die jetzt die Schule besuchen und mit ihr verbunden sind, die vielen Ehemaligen und ebenso alle Lehrenden, die Mitverantwortung tragen, werden sich auf Bildern und in Texten wiederfinden. Sie alle werden Freude beim Lesen der vorliegenden Schrift verspüren, wenn dabei Gewesenes wieder lebendig wird und Erinnerungen wach werden. Wenn auch vorwärtsgerichtet gelebt und gearbeitet wird und werden muß, so dürfen wir uns auch aus der Vergangenheit – aus der Geschichte – verstehen. Vergangenheit verstellt hier nicht den Blick auf Zukünftiges.

Eine 40-jährige Geschichte ist noch keine lange Geschichte, aber doch eben eine. Ich kenne die Schule in der Auweiler Straße seit 1962, sie war das zweite Schulgebäude am Ort und gerade erst zwei Jahre alt. Einen hellen und freundlichen Eindruck machte sie damals wie heute. Ein großes Schulgelände mit schöner Bepflanzung umgab sie. Jetzt ist der Schulhof dankenswerterweise in einen kindgerechten Pausenspielplatz verwandelt worden.
Die Grundschule, die den ehrenvollen und verpflichtenden Namen Dietrich Bonhoeffers trägt, wird als evangelische Grundschule neben zwei anderen etwa gleichgroßen katholischen Grundschulen geführt, sie nimmt einen beachtenswerten Platz ein in Pulheim und wird von Eltern und Kindern angenommen.

Was kann ich der Schule wünschen? Daß sie ein Ort sein möge, an dem der Bildungs- und Erziehungsauftrag erfüllt wird und eine Stätte ist, in der sich Kinder und Erwachsene fröhlich begegnen. Dazu Glück und Gottes Segen!

Dieses Grußwort, welches ich für das vorliegende Buch schreiben durfte, ist eine Ehre für mich und zugleich dankbares Erinnern an eine schöne Zeit.

(Alfred Dally)

Pulheim vor Gründung der evangelischen Schule

Von der Geschichte Pulheims ist den meisten Einwohnern wahrscheinlich nicht allzu viel bekannt. Die „Alteingesessenen" werden sich noch an viele Begebenheiten aus dem vorigen, dem 20. Jahrhundert, erinnern, aber vielen sind wohl vor allem die letzten Jahre im Gedächtnis geblieben: wie die verschiedenen Gemeinden von einem Zuständigkeitsbereich zum nächsten umverteilt wurden, bis 1975 eine kommunale Neugliederung den Zusammenschluss vieler einzelner Orte zur Großgemeinde Pulheim bewirkte, und wie dann Pulheim 1981 die Stadtrechte verliehen wurden.

Das vorliegende Buch beschäftigt sich mit einem wesentlichen Abschnitt der Geschichte Pulheims, nämlich dem Entstehen und dem Schicksal der evangelischen Grundschule; deshalb soll kurz geschildert werden, in welchem geschichtsträchtigen Ort die mittlerweile 40 Jahre alte Schule erbaut wurde. Pulheim ist nämlich weit älter als man zuerst denkt.

Mammutjäger in Pulheim

Die Pulheimer Gegend war schon in der Steinzeit bewohnt: Jäger und Sammler durchstreiften als Nomaden das Gebiet, auf der Suche nach schmackhaften Früchten und guten Jagdgebieten. Zu dieser Zeit war hier auch das mittlerweile ausgestorbene Mammut heimisch, wie die Funde von Mammutzähnen in unserer Gegend belegen. Bei Ausgrabungen kamen Überbleibsel der hiesigen Steinzeitmenschen zutage, zum Beispiel Gerätschaften wie Messer aus Stein und andere Werkzeuge aus Holz und Knochen. Die Fundstücke sind mindestens 11 000 Jahre alt.

Viele archäologischen Funde aus der alten Zeit stammen aus Sinnersdorf. Bei Bauarbeiten in der Wupperstraße fanden Arbeiter alte Siedlungsreste; sie riefen ein Archäologenteam aus dem Rheinischen Landesmuseum in Bonn herbei, das fachmännisch über mehrere Wochen hinweg die Funde freilegte. Es handelte sich um Überreste einer Ansiedlung aus der Eisenzeit. Als weitergegraben wurde, stieß man auf einige keramische Scherben aus der Jungsteinzeit.

Als die Umgehungsstraße zwischen Pulheim und Sinnersdorf gebaut wurde, fanden sich auch dort einige archäologische Reste, teilweise aus der Bronze- und der Eisenzeit.

Waren Asterix und Obelix auch in Pulheim?

Unsere Gegend wurde in der Folgezeit von verschiedenen Kulturen besiedelt. Die Kelten (Gallier) wohnten lange Zeit im späteren Stadtgebiet von Pulheim sowie in der Umgebung. Sie verstanden es zu feiern: im Frühjahr fanden im gesamten Niederrhein-Gebiet wilde und laute Fruchtbarkeitsfeste mit vielen Umzügen statt. Mit großer Wahrscheinlichkeit gehen unsere jährlichen Karnevalsumzüge auf diesen alten keltischen Brauch zurück.

Die Feiern gehörten zum Götterglauben der Kelten; auch in unserer Gegend sind alte religiöse Stätten, zumindest Reste, erhalten. Der Welchenberg beispielsweise war ein alter keltischer Götterhain, auch in Gohr befand sich ein Ort, der den Göttern geweiht war; dazu gehörte ein heiliger Brunnen, an dem man den Nymphen zahlreiche Opfer darbrachte, um sich gegen das Sumpffieber zu schützen. Denn unsere Gegend war früher ein riesiger Sumpf.

Die Anwesenheit der Kelten hat sich in etlichen Ortsnamen verewigt: die Namen Stommeln, Orr, Horrem, Dormagen und Zons stammen noch aus keltischer Zeit.

Römisches Intermezzo

Etwas später als die Kelten kamen die Germanen in unsere Region. Beide Stämme vertrugen sich recht gut; das „Mischvolk" aus Germanen und Kelten wurde „Eburonen" genannt. Der Friede währte allerdings nicht lange: die Römer mit ihrem Drang nach Macht wollten um jeden Preis ihr Imperium, das römische Weltreich, so weit wie möglich ausdehnen. Auf ihren Eroberungszügen Richtung Osten besetzten sie auch unsere Gegend. Nach anfänglichem erbittertem Widerstand zogen sich die Eburonen in ein benachbartes bewaldetes Gebirge zurück: die Eifel. Dort erbauten sie ihre Ringburgen, um sich vor weiteren Übergriffen durch die römischen Soldaten zu schützen. Die Rom-treuen Ubier, die ursprünglich zwischen Sieg und Lahn wohnten, durften mit Duldung Roms dann in die von den Kelten „gesäuberten" Gebiete des späteren Erftkreises umsiedeln.

Um selbst nicht womöglich Opfer anderer sich ausbreitender Volksstämme zu werden, legten die Römer an vielen Stellen am Rhein entlang Lagerfestungen an. Eins dieser Lager erlangte besondere Berühmtheit und ist mittlerweile als Millionenstadt weltweit bekannt: das „oppidum Ubiorum", die sogenannte „Stadt der Ubier", das heutige Köln. Dieses zur Römerzeit sehr große Lager war eine Garnisonstadt der Römer und ein wichtiger Handelsplatz mit einem schon damals bedeutenden Hafen. Andere römische Stützpunkte von gewisser Wichtigkeit hießen Buruncum (Worringen), Durnomagum (Dormagen) und Sontium (Zons). Hier wurde ein großer Teil der für die römischen Bauten benötigten Ziegel hergestellt. Am Schwimmbad von Bayer-Dormagen ist noch eine solche antike Ziegelbrennerei erhalten.

Da Köln schon damals so eine große Bedeutung hatte, war die Stadt mit dem gesamten Umkreis durch eine Vielzahl von Heeres- und Handelsstraßen verbunden. Eine dieser Straßen, die auch durch Pulheim führte, verband Köln mit der Maas. Das Römergrab in Weiden lag wahrscheinlich direkt an dieser Straße.

Viele kleinere römische Straßenläufe sind auch noch in heutiger Zeit erhalten; sie wurden im Lauf der Jahrhunderte immer mehr ausgebaut und verbinden heute Pulheim mit anderen Orten des Erftkreises sowie mit dem Kölner Norden.

Auch wenn Pulheim selbst keine sehr bedeutende römische Siedlung war, so hielten sich doch hier sowie in der Umgebung viele Menschen auf, nicht zuletzt durch die räumliche Nähe zu Köln und zum Rhein. Die heutigen Ackerflächen rund um Pulheim waren in damaliger Zeit zu einem großen Teil bewohnt. Die Trümmer, die immer wieder bei Feldarbeiten gefunden werden, zeugen von einer regen Siedlungstätigkeit. Zum Teil scheinen die Häuser nicht aufgrund ihres Alters verfallen zu sein, sondern wurden offensichtlich absichtlich zerstört und niedergerissen, als die Römer von den Franken aus unserer Gegend vertrieben wurden.

Beim Bau der Umgehungsstraße zwischen Pulheim und Sinnersdorf wurden die Trümmer eines römischen Gutshofes, einer sogenannten „Villa rustica" mit Bruchstücken verschiedener römischer Gefäße freigelegt. Möglicherweise gab es in Pulheim auch einen römischen Gasthof; ein tönerner Trinkbecher aus der Zeit deutet darauf hin. Archäologen vermuten, dass der

Straßenname „Am Steinacker" sich auf ein römisches Steinhaus mit Steinmauer bezieht, das damals dort stand.

In Dormagen fanden sich neben Resten verschiedener römischer Villen und Gutshöfe auch Überbleibsel eines alten römischen Merkur-Tempels. Mehrere Gräber im näheren und weiteren Umkreis zeugen davon, dass in unserer Gegend auch sehr reiche Römer wohnten. Die besterhaltene römische Grabanlage nördlich der Alpen ist an der Aachener Straße in Köln-Weiden zu besichtigen.

Die Römerzeit in Deutschland dauerte jedoch nicht sehr lange. Viele Römer verließen ihre Siedlungen, und die Häuser verfielen, zum Teil wurden sie auch von den Franken vertrieben. Als die Franken ca. 350 n. Chr. in unsere Gegend kamen, wollten sie die alten römischen Häuser nicht übernehmen. Sie zerstörten einen großen Teil der stehen gebliebenen Häuser und bauten in der Nähe ihre fränkischen Fachwerkhäuser auf. Die erste fränkische Siedlung in Pulheim lag wahrscheinlich in der Nähe des oben erwähnten römischen Hauses am Steinacker. Köln hatte in der Zeit der fränkischen Landnahme eine Sonderstellung; es wurden Verträge zwischen Römern und Franken ausgehandelt, die es den Römern gestatteten, noch einige Jahrzehnte in Köln zu regieren.

Über den Ursprung des Ortsnamens „Pulheim" gibt es verschiedene Ansichten; ziemlich sicher scheint zu sein, dass der Name auf die fränkische Besiedlung zurückgeht. Die Endsilbe „-heim" bezeichnete bei den Franken einen einzelnen Hof. Die Herkunft der ersten Silbe ist etwas umstritten. Einerseits wird vermutet, „Pul" könnte sich von dem germanischen Wort für Teich oder Sumpf herleiten; Pulheim würde also eine „Ansiedlung an einem sumpfigen Wasser" bezeichnen.

Andererseits war es bei den Franken üblich, den Ort nach dem ersten oder bedeutendsten Einwohner zu benennen und an diesen Namen die Endsilbe –heim anzuhängen. Danach wäre es möglich, so die andere Vermutung, dass der erste fränkische Siedler in unserer Gegend Pullo oder Pollo hieß.

Mit den Franken kamen die Christen

Die Franken ermöglichten die Verbreitung des christlichen Glaubens. Die ersten Christen kamen schon zur Römerzeit an den Rhein: italienische Legionäre und orientalische Händler. Zunächst mussten sie sich, wie an vielen Orten weltweit, im Geheimen treffen, um den Verfolgungen zu entgehen. Einer der verborgenen Treffpunkte waren die Katakomben in Dormagen.

Zur Zeit Karls des Großen, des bekanntesten und bedeutendsten König der Franken, kamen im 8. Jahrhundert wandernde Missionare vor allem aus den anglikanischen Ländern nach Deutschland. Sie hatten sich zum Ziel gesetzt, endgültig alle Reste des alten keltischen und römischen „Heidentums" zu beseitigen und die Werbetrommel für den christlichen Glauben zu rühren. Um der Bevölkerung Treffpunkte zu schaffen, bauten sie überall kleine hölzerne Kirchen, die zu einem großen Teil schon lange verfallen sind. Einer der bekanntesten Missionare der damaligen Zeit war Willibrord. Er ließ sich auf dem ehemaligen Götterberg des Erft- und Gillbachlandes nieder. Eine Legende erzählt, er hätte eine Quelle entspringen lassen, mit dessen Wasser er wundertätige Werke vollbrachte. Bekannt im ganzen Land waren seine

Heilungen von Sumpffieber und Hautausschlägen, unter denen damals viele Menschen zu leiden hatten.

Zu diesem Willibrorduspütz, in der Umgangssprache „Wölfeterpötz" genannt, pilgerten noch im 20. Jahrhundert viele Menschen, um sich das heilende Wasser zu besorgen.

Einige große Kölner Klöster besaßen ungefähr zu dieser Zeit in Pulheim Grundbesitz; die Gutshöfe, die auf diesem Grund errichtet wurden, erhielten ihren Namen nach dem jeweiligen Kloster: beispielsweise gehörte der Karthäuserhof dem Karthäuserkloster, der Georgenhof dem St. Georgs-Stift. Die Höfe trugen dazu bei, dass die Klöster eine Lebensgrundlage hatten. Zum Karthäuserhof, der wohl ein Mühlenhof gewesen ist, gehörte damals der Karthäuserweiher, in dem Karpfen für das Kloster gezogen wurden. Beide Höfe existieren nicht mehr, denn während der Religionsstreitigkeiten im 16. Jahrhundert brannten sie ab.

Im Zuge der Ausbreitung des christlichen Glaubens erbauten reiche Franken kleine Kirchen auf ihrem Grundstück und ernannten einen ihrer Knechte zum Pfarrer. Dabei kümmerte man sich nicht so sehr darum, was der Papst im fernen Rom für Regeln aufstellte, sondern die Messen wurden so gefeiert, wie der Gutsherr es schön und richtig fand. Bonifatius, der später als Heiliger berühmt wurde, bemühte sich sehr darum, etwas Ordnung in das System zu bringen und unabhängigere Priester aus den Klöstern einzusetzen. Aus den ursprünglich privaten Kapellen entwickelten sich allmählich die heutigen Pfarrkirchen.

Die neuerrichteten Kirchen wurden auch zunehmend mit verschiedenen sakralen Schätzen ausstaffiert. Das zog Ende des 9. Jahrhundert die Normannen an, Seefahrer aus Skandinavien. Sie hatten es unter anderem auf diese Kirchenschätze abgesehen und plünderten Köln und seine gesamte Umgebung.

Pulheim „kriegt" keine Ruhe – von Schlachten und Kriegen

Bisher war es, bis auf die Vertreibung der Gallier durch die Römer, die relativ harmlosen Reibereien zwischen Römern und Franken in unserer Gegend und die Überfälle durch die Normannen immer recht friedlich in unserer Gegend gewesen. Das änderte sich aber einige Jahrhunderte später gewaltig, denn die gesamte Gegend wurde immer wieder von Kriegen und Unruhen heimgesucht. Bei der Worringer Schlacht Ende des 13. Jahrhundert wurde auch Pulheim in Mitleidenschaft gezogen, ebenso wie bei den Neußer Wirren Ende des 15. Jahrhunderts. Der Burgunder Karl der Kühne fiel mit einem riesigen Heer von 60 000 Landsknechten in die Neußer Gegend ein, mit dem Ziel, die linke Rheinseite zu erobern. Er wurde in einer großen Schlacht von einem deutschen Heer in die Flucht geschlagen. Viele Einwohner Pulheims und der umliegenden Gegend brachten sich in dieser Zeit in Köln in Sicherheit, so dass unsere Gegend bis auf die kämpfenden Soldaten fast entvölkert war.

Bei den Religionskriegen im 16. Jahrhundert ging es erneut hoch her in Pulheim. Auf protestantischer Seite kämpften die Holländer, auf katholischer Seite ein spanisches und ein bayrisches Heer.

In dieser Zeit der Gründung der protestantischen Kirche wurden etliche Lehrer und Geistliche wegen ihrer Sympathie für die neuen Lehren Luthers als Ketzer beschimpft, teilweise sogar hingerichtet.

1528 wurde ein Pulheimer Student, Peter Fliesteden, wegen Störung der Messe im Kölner Dom und verächtlicher Rede über die katholische Kirche auf dem Galgenberg in Köln-Melaten als Ketzer verbrannt. Er gilt heute als einer der ersten Märtyrer der evangelischen Kirche.

1580 wurde Pulheim von spanischen Truppen belagert. Einige Jahre später zogen Heere aus aller Herren Länder, darunter Wallonen und Bayern, durch Pulheim und die Nachbarorte; auf ihren Plünderungszügen nahmen sie alles mit, was nicht niet- und nagelfest war, viele Häuser wurden angezündet. Viel konnten die Pulheimer nicht gegen die randalierenden Soldaten ausrichten, nur einzelne verirrte und betrunkene Soldaten wurden in Pulheim heimlich ermordet und verscharrt.

Nach sieben Jahren war der Religionskrieg endlich vorbei. Bis endlich Ruhe eingekehrt war und alle Schäden beseitigt waren, dauerte es aber noch eine Weile. Und schon bald, 1618, begann der nächste Krieg, der auch nicht spurlos an unserer Gegend vorbeiging: der dreißigjährigen Krieg. Auch in diesem Krieg wurde Pulheim mehrfach überfallen und ausgeraubt. Besonders zwei Heere waren in der ganzen Gegend berüchtigt und gefürchtet: Oberst Rabenhaupt mit seinen Hessen sowie ein großes kaiserliches Heer unter seinem Anführer Jan von Werth.

Die Franzosen kommen – und Pulheim wird zu Poulheim

1794 brachen in Pulheim ganz neue Zeiten an: französische Revolutionstruppen besetzten das Gebiet, Pulheim wurde französisch, sogar die Amtssprache in dieser Zeit war Französisch. Damit den französischen Soldaten klar war, dass der Ort Pulheim und nicht „Pülheim" heißt, wurde die Schreibweise in Poulheim geändert. Dieser Name blieb, auch lange nach dem Abzug der Franzosen, noch bis 1927 erhalten. Vieles wurde anders in der französischen Zeit, vieles sicherlich auch besser. So führten die Franzosen schon bald eine völlig neue Verwaltung ein, die mit Freuden übernommen wurde, da sie nicht nur leistungsfähiger, sondern auch sehr viel einfacher und schneller war als das althergebrachte System. Sie gliederten die Verwaltung nach verschiedenen Fachgebieten (Straßenreinigung, Polizei, Finanzamt, Schulamt) auf. Geleitet wurde die neue Gemeinde von einem ehrenamtlichen „Maire".
Die Steuerlast für die Bürger Pulheims wuchs in dieser Zeit aber allmählich beträchtlich an; Napoleon ist ja für seine rege Kriegsführung bekannt, und Krieg kostet bekanntlich Geld. Um sein Heer immer wieder „aufzufüllen", benötigte Napoleon viele Soldaten. Er rekrutierte auch Pulheimer Männer für sein Heer. Aus der Stommelner Gegend fielen 17 junge Männer, als sie im französischen Heer für Napoleon kämpften. Ein Denkmal auf dem Friedhof in Stommeln erinnert an diese Zeit.

Die Völkerschlacht bei Leipzig, die für Napoleon mit einer Niederlage ausging, beendete auch die französische Herrschaft in Pulheim. Das Gebiet wurde preußisch, womit sich dann wieder einiges änderte. Vor allem kehrte endlich Frieden ein, der allerdings im 20. Jahrhundert von den beiden Weltkriegen wieder unsanft unterbrochen wurde.

Räuber und Gendarm

Aber auch in Friedenszeiten war es in Pulheim nicht immer schön und ruhig. Die Gegend wurde immer wieder von Räuberbanden heimgesucht, die stahlen, zerstörten und töteten. Besonders gefürchtet war im 16. Jahrhundert Johann von Brauweiler, auch bekannt als Jan van Pullem (vom 11. bis zum 16. Jahrhundert gab es noch keine einheitliche Schreibweise des Ortsnamens; in den alten Urkunden finden sich die unterschiedlichsten ähnlich lautenden Namen für unseren Ort, darunter auch Pullem). Als er 1593 vom Kölner Gewaltrichter zum

Tode verurteilt wurde, kamen viele Bauern aus Pulheim und der Umgebung, die jahrelang unter seinen Raubzügen gelitten hatten, zum Richtplatz nach Melaten, um ihn mit Beschimpfungen zu überhäufen und zuzusehen, wie er geköpft und geviertelt wurde.

Im 18. Jahrhundert durchzogen ganze Banden von Räubern Pulheim und die Nachbarorte. Die Bevölkerung war die ewigen Überfälle allmählich leid und drängte den damaligen Leiter der Kriminalgerichtsbarkeit, den Brauweiler Abt Matthias Grein, dem Treiben ein Ende zu bereiten. 1732 schließlich wurden in Manstedten hinter dem Domhof gleich mehrere Räuber am Galgen hingerichtet.

Auch unter Naturgewalten hatte Pulheim zu leiden. Wie viele Opfer die Pestepidemien und Hungersnöte gefordert haben, darüber ist für unser Ortsgebiet nichts genaues bekannt. Immer wieder wurde die Region von Unwettern gebeutelt: Wolkenbrüche und starke Hagel ließen Menschen und Tiere ertrinken und zerstörten die Ernte. Als die Hexenverfolgungen im 16. und 17. Jahrhundert ihren Höhepunkt erreichten, gab es natürlich auch in Pulheim Angst vor Hexen: man schob ihnen die Schuld an den heftigen Unwettern in die Schuhe („Wetterhexe"). Im Gebiet um Dansweiler, Sinthern und Geyen wurden mehrere Frauen als Hexe verbrannt oder zur Strafe gerädert.

Die Barbarakapelle erinnert an zahlreiche Naturkatastrophen

Erdbeben gab es in Pulheim immer wieder; besonders starke Beben sind aus dem 17. und 18. Jahrhundert bekannt. 1756 ereignete sich das bis dahin schwerste Erdbeben im Rheinland; dabei wurde auch die Abtei Brauweiler nicht unerheblich zerstört. Zu teilweise kräftigen Nachbeben kam es während des folgenden Jahres immer wieder, so dass die Menschen vor Angst ihre gemauerten Häuser verließen und lange Zeit, teilweise sogar den Winter über, auf ihren Feldern in Strohhütten lebten.

Hochwasser war eine ständige Gefahr für Pulheim; viele der älteren Einwohner Pulheims werden sich noch an das große Hochwasser im Jahre 1947 erinnern. Der Pletschmühlenbach führte früher viel mehr Wasser als heute; nach längeren Regenzeiten kam es nicht selten zu richtigen reißenden Flutwellen. Auch in heutiger Zeit laufen nach starken Regenfällen die Keller voll; damals, als es noch keine oder nicht solche großen Keller gab, lief das Wasser natürlich direkt in die Wohnungen. Eine amtliche Verordnung sah vor, dass die „Gossen" auf Straßen und Höfen in regelmäßigen Abständen ausgeschaufelt werden sollten, damit das Wasser ungehindert ablaufen konnte. Unter Strafe war strengstens verboten, seinen Abfall und Schutt in den Bach zu „entsorgen". Um gegen die Schmelzwässer gewappnet zu sein, kam das gesamte Dorf bei Wintereinbruch zusammen, um den Bachlauf zu entrümpeln und vom Schlamm zu befreien.

An die Zeit der großen Unwetter erinnert die Pulheimer Barbarakapelle. Sie wurde 1686 der Sage nach aus Dankbarkeit von Überlebenden einer Naturkatastrophe gestiftet; ob es sich dabei um eine große Überschwemmung oder ein großes Feuer nach einem Blitzeinschlag gehandelt hat, ist nicht genau bekannt. Die heilige Barbara ist jedenfalls die Schutzheilige gegen Sturm, Blitz und plötzlich hereinbrechende Not.

Schulgeschichte(n)

Die Geschichte des regelmäßigen Schulbesuchs

Ein Großteil der hier geschilderten Geschichte Pulheims spielt sich zu einer Zeit ab, als das „gemeine Volk" noch keinen Zugang zur Bildung hatte. Lesen und schreiben konnten lange Zeit nur die Reichen und die Geistlichen. Als die Franzosen das deutsche Rheinland besetzten, waren sie in höchstem Maße erstaunt über den schlechten Bildungsstand. Vor allem in den ländlichen Gebieten, zu denen Pulheim ohne Zweifel damals zählte, waren 75% der Einwohner Analphabeten. Schulgebäude gab es nur wenige; in manchen Gegenden hielten einige Pfarrer in ihrer Wohnung zumindest den allernötigsten Unterricht für interessierte Kinder ab, jedoch brachte das natürlich nicht allzu viel. Die Franzosen versuchten, die Situation etwas zu verbessern, indem sie eine gewisse Schulpflicht einführten, mit Französisch auf dem Lehrplan. Da aber nicht nur Schulgebäude, sondern auch französisch-sprechende Lehrer fehlten, wurde aus diesen Plänen nicht allzu viel. Dazu kam noch, dass viele Eltern ihre Kinder nur ungern und nur hin und wieder zum Unterricht gehen ließen, weil sie ihnen bei der Feldarbeit und auf dem Hof helfen sollten. Viele Eltern konnten zudem das geforderte Schulgeld nicht zahlen oder hatten für ihre Kinder keine angemessene Kleidung für den Schulbesuch.

Was den Franzosen nur unvollkommen gelungen war, holten die Preußen nach: bis 1825 wurde in ganz Preußen die allgemeine Schulpflicht eingeführt. Es entstanden richtige Lehrpläne, die über das, was bisher gelehrt worden war, weit hinausgingen. Den Pfarrern war es hauptsächlich darum gegangen, dass die Kinder die Grundlagen des Schreibens, Lesens und Rechnens erlernten und natürlich Bibelverse und Kirchenlieder auswendig konnten; Allgemeinbildung war zumindest für die ländliche Bevölkerung unwichtig. Die Preußen führten die „Volksschule" ein, die allen Kindern im Verlauf von acht Klassen auch Heimat- und Naturkunde, Geschichte, Musik, Zeichnen, Turnen und Handarbeit oder Werkunterricht vermitteln sollte. Weil aber erst einmal eine ordentliche Lehrerausbildung geschaffen werden musste - da es bisher kaum Schulen gab, wollte auch kaum jemand Lehrer werden -, dauerte es doch noch bis Ende des Jahrhunderts, bis die geforderten Fächer auch tatsächlich von qualifizierten Lehrkräften überall unterrichtet werden konnten.
Bis dahin sahen die „Schulen" teilweise so aus, wie man sie sich heute auch beim besten Willen und mit viel Phantasie kaum vorstellen kann. Das Schulhaus wurde planlos nach Gutdünken gebaut; oft hatte ein einziger Lehrer 200 Schüler zu unterrichten. Das Klassenzimmer war feucht und konnte nur ungenügend geheizt werden, dementsprechend schlecht war auch der Gesundheitszustand der Schüler. Nicht selten hatte der Lehrer noch zusätzliche Einnahmequellen, da der Verdienst sehr schlecht war. Die „Fräuleins" besserten sich ihr Gehalt mit Handarbeiten auf, die männlichen Lehrer arbeiteten nebenbei an Sonntagen noch als Organist in der Kirche oder waren als Schneider tätig. Die Näharbeiten erledigten sie oft im Unterrichtszimmer während der Lesestunden der Kinder.

Die Situation änderte sich erst, als Ende des 19. Jahrhunderts die ersten Schuljahre kostenlos angeboten wurden und beim Bau eines Schulhauses gewisse bauliche Vorschriften einzuhalten waren, um den Ansprüchen an die neuerdings geforderte Schulhygiene zu genügen. Virchow hatte Mitte des Jahrhunderts festgestellt, dass sich Epidemien schnell ausbreiten, wenn die Klassenzimmer so dicht besetzt sind. Fortan gab es Richtlinien hinsichtlich Größe der Klassenzimmer und Mindestanzahl an Toiletten, zudem musste jedes Klassenzimmer mit einem eigenen Waschbecken ausgerüstet werden.

Da die Schule jetzt zum täglichen Leben dazugehörte und die Eltern nicht mehr die einzigen Erzieher ihrer Kinder waren, wuchs natürlich auch das Interesse der Eltern an der Schule. Um die Eltern am Schulleben zu beteiligen, wurden 1920 die Elternbeiräte (bei uns bekannt als „Schulpflegschaft") eingeführt.

Zur Zeit der Nationalsozialisten veränderte sich das Schulleben natürlich gewaltig. 1934 wurde das sogenannte Landjahr eingeführt: ausgesuchte Volksschüler konnten im Landjahrheim ein 9. Schuljahr absolvieren. Sie wohnten meist in bäuerlichen Betrieben, wo sie bei der täglichen Arbeit helfen sollten, außerdem bekamen sie Unterweisung im Turnen sowie „Weltanschauungsunterricht".

1939 hoben die Nationalsozialisten die bisherigen konfessionellen Volksschulen auf und machten sie zu „deutschen Volksschulen". Die Klassenzimmer mussten für die Treffen von HJ (Hitlerjugend) und BdM (Bund deutscher Mädel) zur Verfügung gestellt werden.
Noch größere Veränderungen und Einschränkungen wurden den Schulen im 2. Weltkrieg und in der ersten Zeit nach dem Krieg auferlegt.
Ende September 1944 wurden die Schulen geschlossen; der Unterricht fiel bis auf weiteres aus. Schon wenige Tage später wurden Truppen in den Schulen untergebracht, aus vielen Schulen entstand ein Lazarett.
Erst ein Jahr später, nach Kriegsende, konnte wieder Unterricht stattfinden, aber nur begrenzt: viele Lehrer waren politisch nicht unbelastet genug. So wurden in den ersten Wochen nur die unteren vier Klassen unterrichtet. Der Lehrbetrieb in den oberen Klassen konnte erst einige Wochen später nach der „Entnazifizierung" wieder aufgenommen werden, allerdings standen zu der Zeit keine Schulbücher mehr zur Verfügung: die bisherigen Lehrbücher der Nazizeit waren verboten worden. Erst Anfang des nächsten Jahres wurden die neuen Schulbücher ausgeliefert.

Die Volksschule in Pulheim

In Pulheim gibt es schon seit dem 19. Jahrhundert eine Volksschule. Ursprünglich fand der Unterricht in einem Gebäude an der Venloer Straße statt, das noch über ein Glockentürmchen verfügte und wahrscheinlich in den 40er Jahren des 19. Jahrhunderts erbaut wurde. Wahrscheinlich im Jahre 1900 wurde direkt daneben ein höheres Schulgebäude aus Backsteinen errichtet. Hier fand der Unterricht statt, bis im März 1936 die neue katholische Volksschule in der Bachstraße eingeweiht wurde. Das ursprüngliche Schulgebäude diente noch lange als Notunterkunft, wurde dann aber abgerissen, als die neue Schule 1965 erweitert werden sollte. 1939 wurde ein Teil des alten Schulgebäudes an der Venloer Straße als Heim für HJ und BdM eingerichtet.
Im 2. Weltkrieg wurde bei Bombenangriffen auch die Bachstraße getroffen; mehrere Häuser wurden beschädigt, unter anderem auch das Schulgebäude. Im Spätsommer 1944 wurde wie auch in anderen Schulen der Unterricht beendet; statt dessen richtete man hier den Hauptverbandsplatz der Gegend ein. Die verwundeten Frontsoldaten wurden von Ärzten und Rotkreuzschwestern betreut; ein Klassenzimmer diente als Operationssaal. Die Schulmöbel wurden vorübergehend im Pulheimer Jugendheim untergebracht.

Früher wohnten in Pulheim überwiegend Katholiken. Eine Kirche gab es nur für Katholiken; die Protestanten trafen sich, auch noch in den ersten Jahren nach dem 2. Weltkrieg, häufig in Privatwohnungen oder durften öffentliche Räume für ihre Treffen und Gottesdienste nutzen. In Pulheim fand ein evangelischer Gottesdienst regelmäßig zwei mal im Monat statt; die Gemeinde stellte zu diesem Zweck ein Klassenzimmer der Volksschule in der Bachstraße zur Verfügung. Wer in eine richtige evangelische Kirche gehen und Kontakt zu einem Pfarrer haben wollte, musste nach Köln-Ehrenfeld fahren: dort war Pfarrer Krümpelmann mit seiner evangelischen Gemeinde auch für den Bezirk Pulheim zuständig.

Da so wenige evangelische Familien in Pulheim ansässig waren, gab es auch kaum evangelische Kinder. Die Notwendigkeit, eine evangelische Schule zu gründen, gab es also nicht. Die wenigen schulpflichtigen protestantischen Kinder wurden auch noch in den ersten Nachkriegsjahren in der damals einzigen Pulheimer Schule, der katholischen Volksschule in der Bachstraße eingeschult. Damals gab es noch keine Unterteilung wie heute in Grundschule (Klasse 1 – 4) und weiterführende Schule, sondern die Volksschule umfasste Klasse 1 – 8.

Zunächst besuchten die wenigen evangelischen Kinder die Schule gemeinsam mit den katholischen Kindern. In den Jahren nach dem Ende des 2. Weltkrieges kamen jedoch zunehmend mehr Evakuierte aus den zerbombten deutschen Städten, außerdem Aussiedler- und Flüchtlingsfamilien nach Pulheim. Viele stammten aus der sowjetisch besetzten Zone (SBZ); ein großer Teil der dortigen Bevölkerung war evangelisch. Bis 1948 stieg die Einwohnerzahl im Amt Pulheim (es umfasste damals neben Pulheim auch Geyen, Sinnersdorf und Stommeln) durch den Zuzug von 2094 Evakuierten und 980 Flüchtlingen um über 35%. Fast 80% der Evakuierten hatten in Köln bei den Bombenangriffen ihre Wohnung verloren und suchten nun in Pulheim ein neues Zuhause.

Eine Schule für 57 Kinder und einen Lehrer

Gegen Ende des Jahres 1947 besuchten 57 evangelische Kinder die Volksschule in der Bachstraße, Grund genug für den Regierungspräsidenten, für den 1. November des Jahres die Eröffnung einer einklassigen evangelischen Volksschule in Pulheim anzuordnen. Schulen mit einer Klasse waren damals noch an der Tagesordnung, besonders in Gegenden, in denen nicht so viele Kinder wohnten. In den sogenannten „Zwergschulen" wurden in der einzigen Klasse oft von einer Lehrkraft alle Fächer und alle Jahrgänge unterrichtet.

Da die evangelischen Kinder bisher schon in der Volksschule in der Bachstraße unterrichtet worden waren, also Platz genug vorhanden war, hielt man den Umzug der Kinder in ein eigenes Gebäude nicht für nötig.

In der sogenannten „Einrichtungsanordnung" heißt es:

> _„Zur Zeit sind ein besonderes Schulgebäude und die Einrichtung einer Schulstelle nicht erforderlich, da die evangelische Schule in dem vorhandenen Schulgebäude in Pulheim untergebracht werden kann und eine freie Schulstelle vorhanden ist."_

Der Schulausschuss äußerte zwar Bedenken, weil ja nun eine zusätzliche Klasse eröffnet werden sollte, für neun Klassen also nur acht Räume zur Verfügung standen. Kreisschulamt und Regierung wiesen die Einwände jedoch zurück: man könnte ja die 57 Kinder in zwei

Schichten unterrichten; ein solcher „Zweischicht-Unterricht", also Vor- und Nachmittags-Unterricht, sei auch andernorts üblich.

... Und hier setzt unsere Geschichte ein: die Geschichte der evangelischen Volksschule Pulheim ...

Es geht aber doch noch ein halbes Jahr ins Land, bis der separate Unterricht für die evangelischen Kinder beginnen kann. Der 1. Schultag der neuen „Mini-Schule" ist der 5. Mai 1948. Willibald Fehling, der erste (und zunächst einzige) Lehrer und damit auch Rektor der Schule, war erst kürzlich aus französischer Kriegsgefangenschaft entlassen worden. Wo er die erste Zeit in Pulheim wohnte, darüber gibt die Schulchronik keine Auskunft. Die Bauarbeiten für seine zukünftige Dienstwohnung beginnen erst im November des darauffolgenden Jahres. Am 1. Januar 1950 kann Herr Fehling endlich einziehen.

Auf einer ersten Elternversammlung am 28.4.1948 möchte sich der neue Lehrer den Eltern vorstellen. Neben allen anderen Schwierigkeiten der ersten Nachkriegsjahre sieht er sich zu allem Überfluss gleich mit dem durch Pulheim geisternden Gerücht konfrontiert, dass die einklassige Schule einen schlechten Unterricht bietet und die Kinder nicht angemessen fördern kann. Und das, noch bevor er überhaupt mit dem Unterricht begonnen hatte!

Eine Zwergschule in der Schule

Tatsächlich hat Herr Fehling es zu Anfang nicht leicht, nicht nur bezüglich des Misstrauens seitens der Eltern. Da sind die Bombenschäden am Schulhaus, die jahrelang wegen Geldmangels nicht beseitigt werden können, und der Unterrichtsausfall gleich im ersten Winter wegen der defekten Heizung noch die kleinsten Probleme.
Ein großer Teil (fast 70%) seiner neuen Schüler sind Aussiedler- oder Flüchtlingskinder. 62% der Schüler leben von der Wohlfahrt, 27% sind Kriegs-Halbwaisen. Fast die Hälfte der Kinder kann nicht in der Lernstufe unterrichtet werden, die ihrem Alter entsprechen würde. Durch anhaltenden Zuzug von Familien aus der sowjetisch besetzten Zone bis zum Schuljahr 1954/55 vergrößert sich der Anteil der Flüchtlingskinder noch, wird der Platz in der einklassigen Schule immer knapper.
Viele Flüchtlingsfamilien leben in großer Armut: sie verdienen, wenn überhaupt ein „Ernährer" da ist, sehr wenig, haben schlechte und mangelhaft eingerichtete Wohnungen und nur dürftige Kleidung. Oft sind die Kinder ohne Aufsicht; sie helfen Bauern bei den Feldarbeiten, machen Botengänge für Geschäftsleute oder passen auf die Kleinkinder der Nachbarn auf; ein Kind arbeitet sogar als Haushälterin bei einem berufstätigen Ehepaar.

Um einen Einblick in die Verhältnisse zu geben, die Herr Fehling in der Anfangszeit in Pulheim und in seiner Schule vorfindet, lassen wir am besten den Lehrer selbst zu Wort kommen:

> *„Wenn ich alle Bitternisse und Schwierigkeiten aufzählen wollte, die mit dem „Einzug" in Pulheim verbunden waren und noch sind, dann gäbe es ein Klagelied ohne Ende. Erst verweigert die Gemeinde den Zuzug, dann ist keine Wohnung, noch nicht einmal ein Leerzimmer vorhanden, weder Kinder noch der Lehrer haben Hefte, Schreibpapier, Schul- oder Handbücher. Wo bekommt man Essen in dem „Bauerndorf"? Schwarzmarktpreise: 50 kg Kartoffeln kosten 300 bis 400 M, Gehalt des Lehrers monatlich 350 M. In der Schule sind keine Lehr- oder Lernmittel vorhanden. Kinder und Lehrer sind unterernährt, schlecht gekleidet. Der Lehrer steht seit 8 Jahren erstmalig wieder vor Kindern. Das Wissen ist lückenhaft geworden, zum Teil durch die Ereignisse überholt. Flüchtlingspsychose bei den Kindern und Eltern, Stacheldrahtpsychose beim Lehrer, Sorge um die vermissten Angehörigen, dazu Besatzungstruppen im Ort. Rund 80% aller Kinder sind Flüchtlinge. Elende Wohnverhältnisse, Not an allen Enden. Die Kinder sind jahrelang nicht zur Schule gegangen. Infolgedessen ein erschreckend schlechter Leistungsstand und mir geradezu bedenkliche Disziplinlosigkeit. Schwarzhandel, Kohlendiebstähle an den Güterzügen, Feld- und Gartendiebstähle, Hamsterfahrten, Kino- und Tanzsaalbesuche, an denen auch die Kinder beteiligt sind, das sind einige Streiflichter."*

Die Zeitungen kommentierten die Eröffnung der evangelischen Zwergschule folgendermaßen:

> *„Wegen ihrer ursächlichen Zusammenhänge könnte die Debatte um Genehmigung einer 8. Schulstelle für die katholische Schule in Pulheim auch anderweitig interessieren. Die Klassenfrequenz ist in dieser Schule überstiegen. – Abg. Heidt wies aber treffend darauf hin, dass in der einklassigen evangelischen Schule ebenfalls die Klassenfrequenz überstiegen sei, folglich dort mit gleichem Recht eine zweite Lehrerstelle gefordert werden könne. Außerdem sei durch die weit schwierigere Lehr- und Lernmöglichkeit in einer Einklassenschule ein besonderer Anspruch abzuleiten. Der Rat genehmigte die 8. Stelle für die katholische Schule und befürwortete den Antrag auf eine zweite Stelle für die evangelische Schule. (Neben all den heutigen Schwierigkeiten entstehen durch die Trennung der Schule nach Konfessionen nicht nur erhöhte Raumkosten, sondern vor allem Nachteile für die Kinder, die in 8 Schuljahren in einem Raum vor einem Lehrer sitzen müssen. Außerdem entwickeln sich leicht sogenannte Flüchtlingsschulen, weil die Flüchtlinge zumeist den protestantischen Bevölkerungsteil bilden)."*

Schulhefte und Bücher vom Schwarzmarkt, Schulspeisung und Schicht-Unterricht

Herr Fehling kauft in den ersten Wochen viele dringend benötigte Schulmittel auf eigene Kosten auf dem Schwarzmarkt ein, denn die Finanzlage der damaligen Gemeinde ist derart angespannt, dass für vieles einfach kein Geld da ist. Mittlerweile kennt er auch die verschiedenen „Umschlagplätze" für die erforderlichen Dinge: der Schwarzhandel blüht in diversen Privatwohnungen und Gaststätten. Erst mit der Einführung der neuen Deutschen Mark im Rahmen der Währungsreform hat der Schwarzmarkthandel ein Ende, und man bekommt immer mehr Dinge des täglichen Lebens im Laden um die Ecke.

Wie bereits erwähnt, geht es vielen Flüchtlingsfamilien finanziell sehr schlecht. Die Schulkinder werden von Herrn Fehling dazu angehalten, nach ihren Möglichkeiten zu helfen: sie sammeln für die besonders armen Familien „Kulturpäckchen", und die Mädchen häkeln

Babybekleidung. Darüber hinaus ist aber auch die allgemeine Versorgungslage in den ersten Nachkriegsjahren katastrophal. Die Vorräte sind nach dem Einmarsch der Amerikaner schnell aufgebraucht; Nachschub gibt es kaum, denn zum einen kommen keine Lieferungen mehr aus den ostdeutschen Überschussgebieten, zum anderen fällt die Ernte durch den verregneten Sommer sehr mager aus. Um zumindest die Grundversorgung zu gewährleisten, werden Bezugsscheine und Lebensmittelkarten ausgegeben. Damit die Kinder nicht zu stark unter der Situation zu leiden haben, führen die Gemeinden 1946 die „Schulspeisung" ein. In der Volksschule in der Bachstraße organisieren die Klassenlehrer zunächst für 50 Schulkinder ein tägliches warmes Mittagessen bei Bauern der Umgebung. Am 24. November 1947 gibt es die erste eigentliche Schulspeisung: das Rote Kreuz kocht unter Mitarbeit von anderen Hilfsorganisationen wie Caritas und Arbeiterwohlfahrt jeden Tag eine warme Suppe für die Schulkinder. Ab 1948 übernehmen zwei Frauen die Zubereitung des Essens. Erst Anfang des Schuljahres 1951/52 entspannt sich die Lage allmählich, und die Schulspeisung wird eingestellt.

Ab Dezember 1947 gibt es in der evangelischen Zwergschule einen geregelten Stundenplan, der den bestmöglichen Unterricht für alle Schüler garantiert: die Oberstufe lernt an fünf Stunden vormittags, die Grundschule hat am Nachmittag drei Stunden Unterricht. Auch an Samstagen müssen die Kinder zur Schule gehen.

Die geschwächten Kinder sind oft krank

Zu der Nahrungsmittelknappheit in den ersten Jahren nach dem Krieg kommt auch noch der Mangel an Kohlen. Die Schulen können häufig nicht ausreichend beheizt werden, was an besonders kalten Wintertagen immer wieder zum Unterrichtsausfall führt. Daran können auch die von Kardinal Frings geduldeten Kohlendiebstähle, das „Fringsen", nicht allzu viel ändern. Unzureichende Ernährung, mangelhafte Kleidung, schlecht geheizte feuchte Räume schwächen die Kinder, und in den ersten Jahren häufen sich die Krankheiten: neben mehreren Fällen von Blinddarmentzündung kommt es zu epidemieartigen Ausbrüchen von Kinderlähmung und Scharlach. Zeitweise leiden 80% der Kinder an einer heftigen Grippe, so dass ein großer Teil der Schüler dem Unterricht fernbleiben muss.

Um eine weitere Ausbreitung von Kinderlähmung und Scharlach zu verhindern, ordnet die Regierung zahlreiche Schutz- und Vorbeugungsmaßnahmen an. Dazu gehören auch die Desinfektion der Toiletten und des gesamten Schulgebäudes. Bei der Gelegenheit wird die Toilette auch modernisiert, indem eine Wasserleitung, eine Heizung und eine Dusche eingebaut wird.
Bei dieser Aktion finden Schulkinder auf der Toilette das alte Dienstsiegel der Gemeinde Poulheim, wie die Gemeinde lange Jahre hieß, und bringen es Herrn Fehling. Dieser überreicht es der Gemeinde bei seiner Pensionierung im Jahre 1968 als Abschiedsgeschenk.

Es weht ein neuer Wind

Wegen einer schweren und dauerhaften Erkrankung muss die Rektorin der katholischen Volksschule 1949 ihren Dienst aufgeben. Ihr Ausscheiden wird vom Leiter der evangelischen Volksschule mit großem Bedauern zur Kenntnis genommen, denn ihr Nachfolger hält nichts von dem bisherigen angenehmen Klima des Miteinanders zwischen den beiden Schulen. Er legt auf eine Zusammenarbeit mit der Zwergschule, die er offensichtlich nur widerstrebend auf „seinem" Schulgrundstück duldet, keinen Wert. Damit auch jeder Schüler weiß, wo er sich aufzuhalten hat, wird auf dem Boden eine lange weiße Trennlinie gezogen: auf der einen Seite die katholischen, auf der anderen Seite die evangelischen Kinder. Ein Übertreten der Linie ist beiden Seiten streng untersagt!

Herr Fehling kommentiert die neue Gesinnung an der Schule in der Schulchronik:

Die Evangelische Schule muss sich zunehmend mehr eigene Schulmaterialien zulegen, denn leider wird von der katholischen Schule die gemeinsame Benutzung einiger vorhandener Lehrmittel verweigert. Schließlich eskaliert die Situation derart, dass das Schulamt eingeschaltet werden muss und festlegt, dass einige Geräte (wie Filmgerät und Bildwerfer) beiden Schulen zur Verfügung stehen müssen.

Ostern 1950 gibt es erstmalig in der Geschichte der evangelischen Volksschule eine richtige Entlass- und Einschulungsfeier mit einem Gottesdienst, an dem auch die Eltern teilnehmen. 5 Mädchen und 2 Jungen verlassen die Schule, 3 der Mädchen gehen weiter zur höheren Schule.

Nicht nur bedingt durch die Nachkriegsjahre, sondern generell durch den herrschenden Zeitgeist, war es damals besonders für die Mädchen alles andere als leicht, nach dem Verlassen der Schule einen Ausbildungsplatz oder eine Anstellung zu finden. Deshalb lädt die Schule im November 1954 einen Vertreter des Arbeitsamtes ein, um vor Eltern und Lehrern einen Vortrag über Berufswahl und Berufsfindung zu halten.

Das 1. Klassenfoto im Herbst 1948 („alle Kinder der Evangelischen Schule")

1950 können die ersten Schüler entlassen werden

Die Schule wächst:
es gibt schon zwei Klassen, aber immer noch nur ein Klassenzimmer

Ende 1950 kommt eine zweite Lehrkraft an die Schule. Jetzt können die insgesamt 71 Schüler auf zwei Klassen mit jeweils einem eigenen Lehrer verteilt werden: das 1. bis 3. Schuljahr werden zur ersten Klasse zusammengefasst, das 4. bis 8. Schuljahr zur zweiten Klasse. Weil aber nach wie vor nur ein Klassenzimmer zur Verfügung steht, findet der Unterricht weiterhin in zwei Schichten statt. Die Eltern und natürlich auch die Lehrer sind mit dieser Situation alles andere als zufrieden. Ein Zeitungsartikel aus der Zeit spiegelt die Stimmung wieder:

„Elternversammlung der evangelischen Gemeinde   Vor einigen Tagen war in Pulheim eine Versammlung der Elternschaft der evangelischen Gemeinde, auf der man sich hauptsächlich mit den Missständen an der evangelischen Volksschule befasste. Der Leiter der Schule betonte, dass den zwei Lehrpersonen zum Unterricht nur ein Klassenzimmer zur Verfügung stünde. Dadurch müsse der Unterricht notgedrungen eine Teilung erfahren, so dass für viele Kinder, insbesondere der jüngeren Jahrgänge, wöchentlich an mehreren Tagen der Unterricht erst um 18 Uhr beendet sei. Die Kinder kommen zum Teil von weit her, so von Orr und halbwegs Bocklemünd. Schon vor längerer Zeit habe er die Gemeindeverwaltung schriftlich auf die Dinge hingewiesen, von deren Seite aber bis heute keine Antwort erfolgt sei. Angesichts dieser Tatsachen sahen sich die Eltern gezwungen, von sich aus etwas zu unternehmen. Es wurde daraufhin eine Resolution verfasst, die der Gemeindeverwaltung zugeleitet werden soll.“

Kostet nix, bringt viel!
SIZE S-XL
Das Konto, das allen passt.
Das neue Konto
speziell für junge Leute mit:
Kostenloser Bankcard
Guthabenverzinsung
Homebanking, wenn Du Lust hast
Magazin Job & Future
bundesweite Nutzung der VR-Geldautomaten
PLUS
kostenlose Unfallversicherung
Volksbank Erft eG
Wir machen den Weg frei

Ein Anbau soll das Platzproblem lösen

Um die Situation zu entschärfen, wird ein Erweiterungsbau für die Schule in der Bachstraße geplant. Die Umsetzung des Vorhabens scheitert aber an Unstimmigkeiten über den geeigneten Bauplatz. Bei den Verhandlungen zwischen den einzelnen Parteien zählen nicht nur sachliche Argumente, wie Herr Fehling feststellen muss. Voller Sarkasmus vermerkt er in der Schulchronik:

> *„Wenn aber ein Oberbaurat aus dem heiligen Köln die Durchführung eines Plans – es ist inzwischen der achte oder neunte, deshalb ablehnt, weil ein Nussbaum gefällt werden müsste, „das Fällen eines Nussbaumes bringt Unglück", dann vermeint man sich ins Mittelalter mit seinem Aber- und Hexenglauben zurückversetzt."*

Da man sich längere Zeit nicht einigen kann, wird zunächst ein Garten auf dem Schulvorplatz angelegt.

Am 12.8.1954 wird dann aber doch nach zähem Ringen und schier endlosen Verhandlungen mit dem Bau begonnen: der teilweise unterkellerte Anbau soll zwei Klassenräume, einen Nebenraum und einen Garderobenraum umfassen. Über den Bauplatz konnte man sich einigen - der besagte Nussbaum bleibt tatsächlich unangetastet -, jetzt ist aber mittlerweile strittig, **wer** den Neubau beziehen soll. Eigentlich wäre der Anbau wie geschaffen für die beiden evangelischen Klassen, aber auch die Lehrer der katholischen Schule erheben Anspruch auf die neuen Räume.

Die Gründe für die dauerhafte und immer mehr eskalierende ablehnende Haltung der katholischen Schulleitung der evangelischen Schule gegenüber gehen aus der Schulchronik nicht hervor. Offensichtlich sind die Protestanten in Pulheim im allgemeinen nicht besonders gut angesehen, denn als im Oktober 1953 mit dem Bau einer evangelischen Kirche begonnen werden soll, gibt es Schwierigkeiten mit dem Erwerb des benötigten Grundstückes. Mehrere Grundeigentümer, die ihr Land eigentlich verkaufen wollten, lehnen sofort ab, als sie erfahren, **was** auf dem Grundstück gebaut werden soll. Schließlich kann es aber dann doch losgehen, und die Gnadenkirche wird im Oktober 1954 eingeweiht. Der erste Schulgottesdienst der kleinen evangelischen Schule wird in der neu erbauten evangelischen Kirche zum Ende des Schuljahres am 31.3.1955 abgehalten.

Endlich erhält die neue Schule auch ein neues Klassenzimmer

Schließlich können sich die beiden Schulleiter aber doch einigen, und die evangelische Schule darf einen der beiden neuen Klassenräume für sich beanspruchen. Der Einzugstermin, ursprünglich für den 1. April 1955 geplant, verzögert sich wegen Lieferschwierigkeiten des Schulmöbel-Herstellers. Man wartet bis zum 27. April, dann wird umgezogen, auch ohne neue Möbel. Für die Schüler können zunächst die alten Möbel aus dem alten Schulhaus verwendet werden, für den Lehrer gibt es aber kein Pult, und Tafeln sind auch noch keine vorhanden. Durch die ganzen Verzögerungen muss der Unterricht im neuen Klassenzimmer zunächst unter erschwerten Bedingungen abgehalten werden: die Handwerker sind noch nicht mit ihren Arbeiten fertig und werkeln während des Unterrichts weiter, was natürlich erheblichen Lärm verursacht. Ein offizieller Reinigungstrupp der Gemeinde fehlt auch noch; das Fegen, das unter anderem durch die laufenden Handwerkerarbeiten besonders häufig nötig ist, wird von den Schülern erledigt. Zum Glück ist aber die Installation der Heizung im Anbau rechtzeitig fertig geworden, denn in diesem Jahr dauert der Winter besonders lange: Ende Mai 1955 wird um 8.00 Uhr 0° C gemessen, um 12.00 Uhr sind es nur 5° C. Die älteren Einwohner Pulheims können sich nicht erinnern, jemals so einen langen Winter erlebt zu haben.

Ende Juni kommen dann auch endlich die neuen Möbel und die Tafeln; weil nicht genügend Arbeitskräfte zur Verfügung stehen, müssen die Schüler selber Tische und Stühle umräumen.

Zur Einweihung und offiziellen Übergabe der neuen evangelischen Schule am 12. Juli 1955 schreibt Regierungsrat Pfeffer in die Schulchronik:

> *„Zur Einweihung der Evangelischen Schule in Pulheim habe ich die Ehre, der Schule die Glück- und Segenswünsche des Herrn Regierungspräsidenten auszusprechen. Möge die Schule dazu beitragen, dass die ihr anvertrauten Kinder eine neue Heimat finden, und dass das Wort Gottes in ihren Herzen lebendig wird. Das sei Auftrag und Sorge der Schule.“*

Wenn eine neue Schule eingerichtet werden muss, sind die unterschiedlichsten Dinge nötig, was gewaltige Löcher in die finanziellen Mittel reißen kann. In dieser Situation erhält die neu gegründete evangelische Volksschule im November 1955 eine gute Nachricht: sie hat beim Schulsparen der Kreissparkasse eine Prämiensparkarte von 2000.- DM gewonnen. Die Hälfte des Betrages wird an die Kinder ausgezahlt, über den Rest stimmt die Schulgemeindeversammlung ab. Die Eltern sind mit der gefundenen Regelung einverstanden: die Summe soll der Schule zur freien Verfügung stehen. Die dringendsten Wünsche werden direkt erfüllt, nämlich Schulbücher für die Schülerbibliothek und eine Schreibmaschine; der Rest wird zunächst für spätere Anschaffungen gespart. Im nächsten Schuljahr wird das Geld verwendet für Lehrmittel für den Physikunterricht und verschiedene Anschauungsbilder.

Im Schuljahr 1957 steigt die Schülerzahl im Verlauf des Schuljahres auf 88 Kinder an, die immer noch in einem einzigen Raum unterrichtet werden. Möbel müssen von der katholischen Schule ausgeliehen werden, erst zum Ende des Schuljahres bekommt die evangelische Zwergschule neue eigene Möbel und kann die ausgeliehenen zurückgeben.

Die alte evangelische Volksschule an der Bachstraße
(das Gebäude wurde am 12. Juni 1992 abgerissen)

<h1 style="text-align:center">Die „Fordsiedlung" wird gebaut –
und die Schule platzt endgültig aus den Nähten</h1>

Die Flüchtlinge und Vertriebenen des 2. Weltkrieges kamen zunächst als Landarbeiter in bäuerlichen Betrieben unter. Die Verdienstmöglichkeiten waren hier aber wegen der großen Zahl an Arbeitssuchenden bald ausgeschöpft. Deshalb begannen Ende 1949 die Umsiedlungsaktionen, die sich 13 Jahre lang hinzogen. Auch Pulheim musste ein Kontingent aus den Flüchtlingslagern des Arbeits- und Sozialministers aufnehmen, und zwar größtenteils kinderreiche junge Familien. Viele der neuen Siedler konnten als Arbeiter oder Angestellte bei den Ford-Werken in Köln unterkommen. Um ihnen eine neue Heimat zu schaffen, begann in Pulheim eine rege Bautätigkeit. Ende der 1950er Jahre, besonders aber Anfang der 1960er Jahre entstanden um den alten Ortskern Pulheims ausgedehnte Neubausiedlungen. In Anlehnung an den Arbeitgeber der meisten Zugezogenen wurde die größte Siedlung im Volksmund „Fordsiedlung" genannt; der Name hat sich bis heute gehalten. Zunächst konnte der Wohnungsbau nicht mit dem Zustrom an Umsiedlern Schritt halten, deshalb mussten sich zu Anfang jeweils zwei Familien eine Wohnung teilen.

Zu dieser Zeit hatte die Gemeinde Pulheim natürlich viele Kosten zu tragen, denn mit dem Wohnungsbau war auch die Notwendigkeit eines ausgedehnten Straßenbaus und der Neubau einer Schule verbunden – der evangelischen Volksschule.

Viele der neuen Familien stammen aus Ost- und Westpreußen, Litauen, Ostpommern, Ober- und Niederschlesien, Polen, Ungarn und Jugoslawien. Ein Teil der neuen Schüler der evangelischen Volksschule hat in Ostpommern polnische Schulen mit der Unterrichtssprache Deutsch besucht; hier gibt es mit der Eingewöhnung keine großen Probleme. Viele Kinder dagegen waren vor ihrem Umzug nach Pulheim in russischen, polnischen, litauischen, ungarischen, rumänischen oder jugoslawischen Schulen, in denen der Unterricht in der jeweiligen Landessprache abgehalten wurde.

Durch den starken Zuzug steigt die Schülerzahl schnell an; zum Glück werden zwei weitere Lehrerstellen genehmigt, so dass jetzt für 192 Schüler immerhin vier Lehrer zur Verfügung stehen! Der Diakon der evangelischen Gemeinde hilft aus, indem er vorübergehend in einer Klasse Religionsunterricht erteilt. Um die Klassen nicht allzu groß werden zu lassen, werden fünf Klassen gebildet; die Kinder werden ihren Kenntnissen entsprechend auf verschiedene Jahrgänge verteilt.

Die fünfklassige Schule muss sich mit zwei Klassenzimmern begnügen, es wird also weiter in mehreren Schichten unterrichtet. Weil die katholische Schule keinen weiteren Raum abtritt, wird das zweite Unterrichtszimmer kurzerhand „herbeigezaubert": das alte Schulhaus, seit 1939 nicht mehr als Schule benutzt, beherbergt seit einigen Jahren einen Teil der Gemeindeverwaltung. Die Verwaltung räumt um, schränkt sich ein und kann so der evangelischen Schule ein Plätzchen im Arbeitsamt anbieten.

<h2 style="text-align:center">Die Gemeinde beugt sich dem „Ansturm der Massen" –
ein neues Schulhaus wird gebaut</h2>

Weil klar ist, dass es so nicht weitergehen kann, wird ein eigenes Schulgebäude für die evangelische Volksschule geplant, zumal weitere 200 Wohnungen geplant sind. Am 24. März

1959 wird mit den Ausschachtungsarbeiten für die neue Schule in der Auweiler Straße begonnen.

Das Hin und Her in dieser bewegten Zeit schildert Rektor Fehling in der Schulchronik:

> *„Und nun wird es wirklich sehr eng in unserer lieben kleinen Schule. Wir sind 192 Kinder, vorübergehend 5, dann wieder 4 Lehrer. Vorübergehend – so hoffen wir, so tröstet ein Lehrer den anderen, so trösten wir Eltern und Kinder, denn das neue Haus ist fast fertig. Am 1.6.1960 erhalten wir wenigstens einen Raum im ehemaligen Bauamt, den wir allerdings mit dem Arbeitsamt teilen müssen. Trotzdem sind wir dankbar, weil der Schichtunterricht gemildert werden kann. Und nun beginnt das Hin und Her der Fertigstellung „unserer" neuen Schule, und damit zweier Termine: Umzug und Einweihung. Es ist ein Zeichen des Wirtschaftswunders, dass keine Handwerker zu bekommen sind, Materialien fehlen, Lieferfristen nicht eingehalten werden. Schließlich wird der Umzugstermin auf den 1.9.60 festgelegt."*

Die Kinder beteiligen sich fleißig am Umzug; bis zu den Sommerferien fahren sie eigenhändig Bücher, Karten, Lehrmittel und Bilder in ihre neue Schule.

Abschied von der alten Schule –
und ein ganz neuer Anfang

Obwohl die Jahre in der bisherigen Schule nicht immer leicht und auch nicht immer schön waren, fällt gerade dem Rektor, der die Schule allein aufgebaut hatte, der Abschied schwer. In der Schulchronik beschreibt er den Umzug aus seiner Sicht:

> *„Etwas wehmütig verschließe ich ein letztes Mal die Haustür unseres „ersten" eigenen Schulhauses. Am 1.9.60 beginnt nach den Sommerferien der Unterricht im neuen Hause. Da die offizielle Einweihung erst am 19.9. erfolgen soll, gewinnen wir Zeit, die Feier vorzubereiten. Als ich am 25.8. aus den Ferien zurückkomme, wird mir Angst und Bange. An allen Ecken und Enden wirken noch die Handwerker. Und noch sind keine Möbel ausgeliefert. Tägliche Telefonate, Besprechungen, Vorsprechen bei den Handwerkern werden zur Gewohnheit. Schließlich erhalten wir die Zusicherung: am 1.9.60 um 6 Uhr sind die letzten Möbel – Tische und Schränke waren schon geliefert – vor allem die Stühle da. Am 1.9. stehen rund 300 Kinder, der Bürgermeister, Amtsdirektor und 6 Lehrer für 7 Klassen auf dem Schulhof (wir müssen zwei Gastklassen aufnehmen), aber keine Stühle. Nach kurzer Begrüßung gehen wir zum „Stehen" ins Haus. Erste Verlegenheitslösung – Stundenplanverteilung. Unsere 5. Kraft war fest zugesagt, sie ist nicht da. Endlich der erste Hoffnungsstrahl: die fehlenden Stühle rollen um 10 Uhr an. Alles anfassen, um 12 Uhr sind wir fertig. Um 12.30 „kommt" der Schulrat mit der Freudenbotschaft, dass am nächsten Tag die 5. Lehrkraft den Dienst antreten wird. Und tatsächlich, am 2.9. kann es dann richtig losgehen."*

Die Einweihung in Gegenwart verschiedener geladener Gäste findet wie geplant am 19. September 1960 statt:

Zuerst haben die Kinder Unterricht, dann wird ein gemeinsamer Gottesdienst gefeiert, und anschließend beginnt die eigentliche Einweihung in der Schule. Zum Festprogramm gehören auch Liedbeiträge und Tanzdarbietungen der Schüler.

Herr Fehling ist im nachhinein seinen Schülern dankbar, dass sie alles so schön mitgemacht haben. Voller Stolz auf „seine Kinder" schreibt er später in die Chronik:

„Einen besonderen Charakter erhält die Feier dadurch, dass die Schule einen Namen erhält. Pfarrer Dietrich Bonhoeffer, einem Märtyrer des National-sozialismus zum Gedenken, soll die Schule seinen Namen tragen ...
... Es wird recht eng, aber es geht. Unsere Kinder benehmen sich vorbildlich diszipliniert. Der Einzug an den Erwachsenen vorbei vollzieht sich in großer Ordnung. Und dann läuft die Feier ab."

Zur Einweihungsfeier sind zahlreiche Gäste eingeladen worden, denen eine schöne und abwechslungsreiche Veranstaltung geboten wird. Etliche Reden werden gehalten - einer der Gäste lernte Dietrich Bonhoeffer während seiner Haft im Konzentrationslager kennen und erzählt in seiner Festrede von dieser gemeinsamen Zeit.

Auch Rektor Fehling hält eine Rede, die er mit einem Zitat von Dietrich Bonhoeffer beendet:

„Es gibt kaum ein beglückenderes Gefühl, als zu spüren, dass man für andere Menschen etwas sein kann. Dabei kommt es gar nicht auf die Zahl, sondern auf die Intensität an. Schließlich sind eben die menschlichen Beziehungen doch das Wichtigste im Leben; daran kann auch der moderne Leistungsmensch nichts ändern, aber auch nicht die Halbgötter oder die Irrsinnigen, die von menschlichen Beziehungen nichts wissen. Gott selbst lässt sich von uns im Menschlichen dienen."

Nach der eigentlichen Feier steht eine Führung durch das Schulhaus auf dem Programm, danach ein Essen in einer Pulheimer Gaststätte (späterer Hubertushof).

Dietrich Bonhoeffer –
der Namenspatron unserer Schule

Dietrich Bonhoeffer war Theologe, Philosoph, Dichter und Schriftsteller. Die Hochzeit seines Schaffens fiel in die Zeit des Nationalsozialismus in Deutschland. Bekannt geworden ist er vor allem durch seine Tätigkeit als Widerstandskämpfer.

Er wurde am 4. Februar 1906 in Breslau geboren; er und seine Zwillingsschwester waren das 6. und 7. von insgesamt 8 Kindern. Als Kind zog er mit seiner ganzen Familie nach Berlin. Hier verbrachte er einen großen Teil seines weiteren Lebens. Nach der Schule studierte er in Tübingen Theologie; nach der Promotion arbeitete er zunächst als Vikar in Barcelona und in Berlin, dann habilitierte er sich 1929 und erhielt damit die Erlaubnis, Theologiestudenten an der Universität auszubilden. Er war sehr weltoffen und allseitig interessiert, deshalb hielt er sich auch in der nächsten Zeit immer wieder im Ausland auf (Barcelona, New York, London). Im Anschluss arbeitete er eine Zeitlang als Theologie-Dozent an der Berliner Universität. Die Arbeit mit jungen Menschen machte ihm große Freude; als Studentenpfarrer und ökumenischer Jugendsekretär des Weltbundes christlicher Studenten lernte er immer wieder interessante Menschen kennen, mit denen er nicht nur über religiöse Themen, sondern auch über die Entwicklung der Weltpolitik reden konnte.

Dietrich Bonhoeffer war sich schon sehr früh darüber im klaren, was Adolf Hitler im Sinn hatte. Deshalb war er von Anfang an ein sehr entschiedener Gegner Hitlers. Zwei Tage nach Hitlers Machtergreifung wollte er in einer Rundfunkansprache auf die Gefahren und den drohenden Krieg hinweisen, doch der Sender stellte einfach den Strom ab, um ihn zum Schweigen zu bringen. Um zunächst die Wogen wieder etwas zu glätten, ging er ins Ausland und arbeitete von 1933 – 1935 als Pfarrer in der deutschen Gemeinde in London. Aus der Entfernung beobachtete er aufmerksam und voller Sorge die Entwicklung zum Nationalsozialismus in Deutschland.

Nach seiner Rückkehr wurde er Leiter des Predigerseminars der „Bekennenden Kirche" in Finkenwalde. Ganz offen wendete sich Dietrich Bonhoeffer von der „Reichskirche" ab, da sie sich seiner Meinung nach zu sehr von den Nationalsozialisten beeinflussen und für deren Ziele einsetzen ließ. Wegen seiner eindeutigen Stellungnahme gegen die Hitlerdiktatur und nicht zuletzt aufgrund seiner vielfältigen Kontakte wurde er von der Widerstandsgruppe gegen Hitler ins Vertrauen gezogen. Zu der Gruppe gehörten auch General Oster, Admiral Canaris und Dietrich Bonhoeffers Schwager Hans von Dohnany (der Vater des ehemaligen Hamburger Oberbürgermeisters Klaus von Dohnany). Als das Priesterseminar geschlossen wurde und alle Vikare zum Wehrdienst abkommandiert wurden, weigerte sich Dietrich Bonhoeffer, für das verhasste Regime zu kämpfen. Damit brachte er sich in Lebensgefahr.

Um der drohenden Verhaftung zu entgehen, nahm er im Frühjahr 1939 eine Dozentenstelle in Amerika an, kehrte jedoch noch vor Ausbruch des Krieges zurück, da ihm die Emigration wie eine Flucht vor der Verantwortung vorgekommen war. Nun schloss er sich als aktives Mitglied der politischen Widerstandsbewegung an, bereitete den geplanten Putsch mit vor und half mit, eine kleine Gruppe gefährdeter Juden in die Schweiz zu schaffen. Prompt wurde ihm vom NS-Regime die Lehrbefugnis entzogen, das heißt, er durfte keine Studenten mehr unterrichten. Darüber hinaus verbot man ihm die schriftliche Verbreitung seiner Ansichten.

Im Januar 1943 verlobte er sich mit Maria von Wedemeyer; leider blieb den beiden Verliebten nicht viel gemeinsame Zeit: am 5. April 1943 wurde Dietrich Bonhoeffer mit einigen seiner Mitstreiter verhaftet und für anderthalb Jahre in der Militärabteilung des Gefängnisses Berlin-Tegel festgehalten. Besonders die erste Zeit war sehr schlimm für ihn, zumal das Gefängnis mehrmals von Minen getroffen wurde. Nach anfänglichen Schikanen fand er durch sein ruhiges, freundliches und aufgeschlossenes Wesen bald Freunde im Gefängnis, nicht nur unter den Mitgefangenen, sondern auch beim Wach- und Sanitätspersonal, so dass bald seine Haftbedingungen gelockert wurden. Trotz seiner eigenen Probleme bot er den anderen Inhaftierten nicht selten als Seelsorger, Beichtvater und sogar als Priester bei einer Trauung Beistand und Hilfe. Die Briefe, die er während der Haft an seine Familie und die Freunde schrieb, sind ein eindrucksvolles und lesenswertes Zeitzeugnis. Er verfasste auch viele Gebete und philosophische Schriften, die er zusammen mit seinen Briefen verschickte, und begann, Gedichte zu schreiben.

Zuerst war er noch voller Zuversicht; als er jedoch die Nachricht vom misslungenen Attentat (am 20. Juli 1944) bekam, wusste er, dass er so bald nicht frei kommen würde. Der Untersuchungsausschuss hatte mittlerweile so viele Belastungsmaterialien zusammengetragen, dass die Geheime Staatspolizei ihn im September 1944 abholte; nach einigen Wochen „verschärftem Arrest" im berüchtigten Keller-Gefängnis der Gestapo in der Prinz-Albrecht-Straße wurde er zunächst ins KZ Buchenwald gebracht, dann nach Schönberg und zuletzt ins KZ Flossenbürg. Am 5. April 1945 erließ Adolf Hitler persönlich den Hinrichtungsbefehl. Vier Tage später, am 9. April 1945, nur wenige Wochen vor dem Ende des zweiten Weltkrieges, wurde Dietrich Bonhoeffer im Alter von 39 Jahren zusammen mit anderen Widerstandskämpfern (unter anderem seine Freunde und Mitstreiter Canaris und Oster) gehenkt.

Seit einigen Jahren ist sein Todestag auf der ganzen Welt der offizielle Gedenktag für Dietrich Bonhoeffer. Viele Schulen, Kirchen, Bibliotheken und sogar ein Planetoid sind nach ihm benannt, in verschiedenen Städten erinnern Statuen und Gedenktafeln an sein Leben. Seit 1998 steht eine steinerne Bonhoeffer-Statue zusammen mit der von 9 anderen christlichen Märtyrern des 20. Jahrhunderts über dem Hauptportal der Westminster-Abtei in London.

Im Jahre 2000 wird sein Leben in einem deutschen Kinofilm (mit Ulrich Tukur, Maria von Wedemeyer und Hans von Dohnany) beschrieben: „Bonhoeffer – Die letzte Stufe".

Die Geschichte der Dietrich-Bonhoeffer-Schule beginnt

Die evangelische Schule mausert sich – und wächst weiter

Da die Schule jahrelang im Gebäude der katholischen Volksschule untergebracht war, hatten viele Pulheimer sie gar nicht als richtige eigenständige Schule wahrgenommen. Man hielt sie eher für ein „Anhängsel" der Schule in der Bachstraße.

Zum Beginn des neuen Schuljahres 1961/62 kommt eine neue Lehrerin an die Schule, jetzt sind es insgesamt sechs Lehrkräfte – zwei Lehrerinnen und vier Lehrer. Die Erweiterung des Lehrerkollegiums war auch bitter nötig, denn mittlerweile besuchen 220 Kinder die Schule.
Damit haben sich sowohl die Schülerzahl als auch die Anzahl der Lehrer in den letzten beiden Jahren verdreifacht. Jetzt können endlich vier richtige Grundschulklassen (Klasse 1 bis 4) gebildet werden; Klasse 5 und 6 sowie Klasse 7 und 8 sind zu je einer Klasse zusammengefasst. Es gibt also jetzt mittlerweile sechs Klassen an der Schule bei acht Jahrgangsstufen.

Ein Ende des rasanten Wachstums ist aber immer noch nicht abzusehen. Mittlerweile geht der Bau neuer Wohnungen weiter, und die Planungen für den nächsten Bauabschnitt sind auch schon fertig. Schon Ende 1961 können neue Familien einziehen, die größtenteils aus dem Ruhrgebiet stammen. Dadurch wächst die Schule bis Weihnachten auf nunmehr 250 Schüler; in jeder Klasse werden 50 Kinder unterrichtet.

Da im Frühling 1962 durch die Fertigstellung von 400 neuen Wohnungen und entsprechenden Zuzug weiterer Familien mittlerweile 267 Kinder die Schule besuchen, hat die Schule bei der Abschlussfeier zum Schuljahresende gleich zwei Probleme: die Eltern können wegen der räumlichen Enge nicht eingeladen werden, und die evangelische Kirche bietet nicht für alle sechs Klassen Platz, so dass am Gottesdienst nur drei Klassen teilnehmen können.

Herr Dally, der künftige Rektor, kommt als „Junglehrer" an die Schule

Anfang Mai 1962 – die Schule hat jetzt 305 Kinder - betritt Herr Dally als neuer Lehrer die Schule. Der Rektor beschreibt die damalige Situation kurz und treffend in der Schulchronik:

„7 Klassen, 6 Lehrkräfte, 6 Räume, gekürzter Unterricht, übervolle Klassen."

Im September 1962 werden die Klassen neu formiert: da jetzt acht Lehrer an der Schule sind, werden aus den mittlerweile 324 Schülern acht Klassen gebildet. Weil das dritte und vierte Schuljahr zahlenmäßig besonders stark sind, werden diese beiden Jahrgänge auf drei Klassen verteilt: eine dritte Klasse, eine vierte Klasse und eine aus Klasse 3 und 4 gemischte Klasse.

Jetzt ist die katholische Grundschule Gast der evangelischen Schule

Die Situation, die jahrelang für die evangelische Schule normal war, nämlich die Unterbringung in einer anderen Schule, setzt sich in der neuen Schule fort, nur umgekehrt: die Dietrich Bonhoeffer-Schule beherbergt zwei Klassen der katholischen Grundschule. Um die drangvolle Enge etwas zu entzerren, wird in den Sommerferien 1962 ein Pavillon mit zwei

Klassenzimmern auf dem kleinen Pausenhof errichtet. Diese schnell aufgebauten, da aus Fertigteilen bestehenden „Baracken", wie sie damals genannt wurden, waren zu der Zeit groß in Mode: wegen der ständig wachsenden Schülerzahlen in den 50er und 60er Jahren wurden viele Schulen bald zu klein. Für Erweiterungsbauten fehlte oft der Platz und auch das Geld. Die Notlösung waren solche Pavillons, die man später, wenn sie überflüssig würden, schnell wieder abreißen oder auch abbauen und an anderer Stelle wieder aufbauen konnte.

Im Fall der Dietrich-Bonhoeffer-Schule war geplant, den Pavillon zehn Jahre lang zu nutzen und ihn dann wieder zu entfernen. Zunächst wird ein Raum von der katholischen Grundschule genutzt, der zweite verbleibt der evangelischen Grundschule zur Verfügung.

Zu Beginn des neuen Schuljahres 1963/64 werden zum ersten Mal zwei erste Klassen gebildet; insgesamt 69 Kinder werden neu eingeschult. Damit gehen 358 Kinder auf die noch neue Schule.

Bisher konnten Turn- und Werkunterricht wegen der niedrigen Lehrerzahl nicht separat für jede Klasse angeboten werden: mehrere Klassen wurden zum gemeinsamen Unterricht zusammengezogen. Nach den Sommerferien 1963 kommt wieder ein neuer Lehrer an die Schule. Die Klassenstärken können etwas reduziert werden, und jede Klasse hat jetzt ihre eigenen Sport- und Werkstunden. Obwohl jetzt mehr Lehrer an der Schule tätig sind, hat sich die Situation trotzdem nur gering verbessert, denn zwei der Lehrer sind nur halbe Aushilfskräfte. Es handelt sich dabei um eine Gymnastiklehrerin und den Katecheten für den Evangelischen Religionsunterricht.

Kinder genug, Lehrer ausreichend vorhanden – aber ...

Anfang des Schuljahres 1964/65 können durch den Eintritt von drei neuen Lehrkräften ins Lehrerkollegium aus den über 380 Schülern 10 Klassen gebildet werden.

Aber als entspannt kann man die Situation dennoch nicht bezeichnen. Herr Fehling fasst die Situation in der Schulchronik in einem treffenden Satz zusammen:

„Kinder sind genug, Lehrkräfte ausreichend vorhanden, nun fehlen uns wieder Klassenräume."

Erschwerend kommt hinzu, dass sieben der zehn Lehrer, da sie gerade neu in den Schuldienst eingetreten sind, mehrfach an Schulungen, darunter Ganztagslehrgänge der Junglehrer-Arbeitsgemeinschaften teilnehmen müssen. Dadurch sind immer wieder Vertretungsstunden zu organisieren, manchmal ist einfach ein gehöriges Improvisationstalent bei der Aufrechterhaltung eines geregelten Unterrichtsablaufs gefragt.

Im Laufe des Schuljahres sind aufgrund der in den letzten Jahren massenhaft erbauten Wohnungen in Pulheim einige große Veränderungen angesagt: die neue Volksschule in der Escher Straße und die Realschule werden fertiggestellt und können den Schulbetrieb aufnehmen. Mit der Gründung einer weiteren Volksschule in der Gemeinde scheint sich die Situation etwas zu entspannen, da jetzt der bisherige Schulbezirk geteilt werden kann.

Die Schule erhält einen Konrektor, eine neue Klasse
und einen neuen Pavillon

Gegen Ende des Schuljahres 1964/65 wird ein Konrektor gewählt: es ist Herr Föll, der später nach der Pensionierung des bisherigen Rektors Fehling dessen Stelle übernimmt. Da Herr Fehling für längere Zeit krank geschrieben ist, muss der Konrektor gleich die Vertretung des Rektors übernehmen. Rektor Fehling kann erst wieder im November 1965 unterrichten.

Nach den Ferien, zu Beginn des neuen Schuljahres 1965/66 gibt es an der Schule 11 Klassen mit neun Lehrern in acht Klassenräumen. Um das Platzproblem in den Griff zu bekommen, wird der Schule die Errichtung eines neuen Pavillons auf dem Schulgelände versprochen, der aber erst ab September genutzt werden kann. Die Arbeiten verliefen wohl nicht so wie ursprünglich geplant, denn Rektor Fehling vermerkt in der Schulchronik:

„Das Gelände (vor den Pavillons) *bleibt unplaniert und ähnelt einer Mondlandschaft, das Schulgrundstück ist teilweise nicht eingezäunt, das Fundament ist nicht verputzt, zu den Innenräumen fehlen die Schlüssel usw. usw."*

Entlassjahrgang 1965

Der erste Pavillon rechts neben dem Schulgebäude
(dort stehen jetzt die Tischtennisplatten und die Fahrradständer)

Der zweite Pavillon 1965 (hier befindet sich jetzt der kleine Pausenhof)

Die Kurzschuljahre werden eingeführt –
und eine völlig neue Schulform kündigt sich an

In den „Wirtschaftswunderjahren" der 1950er Jahre stellten sich immer mehr Mängel der alten Volksschule heraus, die mit ihrem Bildungsangebot mit dem Aufschwung der Wirtschaft nicht mehr Schritt halten konnte. Das Wissen über Heimat- und Naturkunde, das zusammen mit den Grundlagen im Lesen, Schreiben und Rechnen von „einfachen" Volksschullehrern vermittelt wurde, genügte nicht mehr. Der Ruf nach neuen Lehrplänen, Unterricht in wissenschaftlichen Fächern und vor allem die Ausbildung von Fachlehrern wurde immer lauter. Ins Zentrum der Kritik rückten vor allem die einklassigen „Zwergschulen", die es auch zu der Zeit vor allem noch in kleineren Dörfern gab; vor allem jene konnten den neuen Anforderungen an einen zeitgemäßen Unterricht nicht mehr genügen.

NEUER SCHWUNG FÜR DAS BAD
RENOVIEREN ODER NEU GESTALTEN - WIR PLANEN IHR BAD MIT DEM COMPUTERPROGRAMM BADPLAN 3 D. SIE SEHEN BEREITS VORHER, WIE IHR BAD SPÄTER AUSSIEHT. IN UNSERER BADAUSSTELLUNG FINDEN SIE WEITERE INTERESSANTE ANREGUNGEN UND IDEEN.
BADE Trends
TEICHERT
SCHÖNE BÄDER UND MEHR
BADAUSSTELLUNG: STEINSTR. 26-28 · 50259 PULHEIM · TEL. 02238/ 9 65 70-20
SAUNA & WHIRLPOOL STUDIO: NORDRING 15 · 50259 PULHEIM · TEL. 57 03 90

Deshalb wurden in den nächsten Jahren immer mehr kleine Volksschulen aufgelöst, mehrere Schulen wurden zusammengelegt. Die Gelder, die bisher für Renovierung oder Neubau einer Volksschule gedacht waren, sollten jetzt für den Bau von neuen „Mittelschulen" verwendet werden.

Das Schulwesen wurde vereinheitlicht, eine Fremdsprache als Pflichtfach auf den Lehrplan gesetzt, ein neuntes Schuljahr eingeführt.

Die Schulen wurden eingeteilt in Grundschule (Klasse 1 – 4), Beobachtungsstufe (5. und 6. Klasse) und Mittelschule (7. – 9. Schuljahr). Die neuen Hauptschulen sollten direkt an die Grundschule anschließen und dabei die Oberstufen der umliegenden bisherigen Volksschulen aufnehmen.

Um den Beginn der kommenden Schuljahre von Ostern auf den Sommer zu verlegen, wurden 1966 und 1967 zwei Kurzschuljahre eingeführt, die im Vergleich zu den bisherigen Schuljahren um vier Monate gekürzt waren.

Bis zum Ende des ersten Kurzschuljahres, das vom 20. April bis zum 30. November 1966 dauert, wächst die Schule auf 430 Kinder in insgesamt 13 Klassen, die von 11 Lehrern unterrichtet werden. Für die Unterbringung dieser 13 Klassen wird jeder verfügbare Raum ausgenutzt, wobei zwei erste Klassen sich ein Klassenzimmer teilen müssen: 6 Klassen befinden sich in normalen Klassenräumen, 4 Klassen verteilen sich auf die beiden Pavillons, die restlichen Klassen bekommen ihren Unterricht in einem Mehrzweckraum beziehungsweise in einem Kellerraum im Hauptgebäude.

Ursprünglich sollte die Schule einen Anbau bekommen, damit für alle Klassen ein geeigneter Raum zur Verfügung steht und auch um für die Kinder neu zugezogener Familien Kapazitäten zu schaffen. Daraus wird erst einmal nichts, da das Ministerium im September völlig neue Richtlinien für die zukünftige Schullandschaft entwickelt. Demzufolge soll es neue Schulen geben, die Grund- und Hauptschule unter einem Dach beherbergen. Bis nicht endgültig geklärt ist, ob auch Pulheim eine solche Schule bekommen soll, wird der geplante Erweiterungsbau für die Dietrich-Bonhoeffer-Schule erst einmal zu den Akten gelegt.

Als Trostpflaster stellt die Gemeinde 8 000 DM zur Verfügung, um einige Mängel und Schwachstellen am und im Schulgebäude auszubessern. Die Summe reicht allerdings vorne und hinten nicht: innerhalb kurzer Zeit wurden für die allernötigsten Arbeiten bereits 14 000 DM ausgegeben.

Das nächste Jahr bringt einige größere Änderungen im Lehrerkollegium: eine 12. Lehrkraft kommt im Oktober an die Schule. Drei junge Lehrerinnen heiraten in diesem Jahr; zwei der frisch Verheirateten verlassen die Schule.

Die Schulreform kommt – und der Rektor geht

So allmählich wird es spannend in der Entwicklung der Schulreform. Es wird viel überlegt, geplant, wieder verworfen, neu überlegt. Auch in der Schulchronik nimmt die Diskussion um die Zukunft der Schulen einen größeren Raum ein. Über die nächsten Monate notiert Rektor Fehling immer wieder die neuesten Ent- und Verwicklungen in der Schulchronik:

Rektor Fehling verlässt die Schule und geht in Pension. Er verabschiedet sich nicht nur persönlich von den Schülern, Lehrern, Eltern, Gemeinde- und Kirchengemeinde-Vertretern, sondern schreibt am 31.7.1968 auch ein letztes Mal in die Schulchronik. Dabei lässt er seine gesamte Zeit an der Schule Revue passieren:

Abschledsgruß für Rektor Fehling aus Pulheim, der in den Ruhestand tritt. Links Bürgermeister Dohmen.

Verabschiedung
von Rektor Fehling

Abschied mit einem Geschenk

Pulheim (pw) — Die Gemeinde Pulheim nahm in einer Feierstunde Abschied von Rektor Willi Ehling, dem Schulleiter der Dietrich-Bonhoefer-Schule, der mit Erreichung der Altersgrenze aus dem aktiven Schuldienst ausscheidet und seinen Wohnsitz nach Köln verlegt.

Bürgermeister Dohmen, Pfarrer Krümpelmann und Konrektor Föll für das Kollegium würdigten die pädagogischen Leistungen des Rektors und wünschten ihm alles Gute. Rektor Fehling überraschte die Gemeinde bei seinen Dankesworten mit einem Geschenk. Beim Umbau der Schule an der Venloer Straße war seinerzeit ein altes Gemeindesiegel gefunden worden, das er jetzt dem Bürgermeister überreichte.

Rektor Fehling wurde in Spandau geboren und steht seit 1925 im Schuldienst. Er war in verschiedenen Gegenden Deutschlands tätig und kam nach der französischen Gefangenschaft im Jahre 1948 nach Pulheim. Hier baute er die evangelische Volksschule auf, die zunächst einzügig in der Bachstraße eingerichtet wurde. In dem vor einigen Jahren erstellten Neubau in der Auweiler Straße werden zur Zeit 450 Kinder und 13 Klassen von 13 Lehrpersonen unterrichtet.

Sein Nachfolger Walter Föll, seit Februar 1965 Konrektor und nun erst einmal kommissarischer Schulleiter (er wird erst am 25.3.1969 zum Rektor ernannt), wird gleich zu Beginn seiner Amtszeit mit einem verwirrenden Hin und Her konfrontiert: es geht um die Zukunft und mögliche Umorganisierung der Pulheimer Grundschulen. Der erste Eintrag in der Schulchronik Anfang des Schuljahres 1968/69 beschäftigt sich denn auch gleich mit diesem Thema:

Die „Einkellerung" der Grundschüler wird chronisch

So ganz einfach ist der Plan allerdings nicht in die Tat umzusetzen: wieder sind zu wenig Räume vorhanden. 16 Klassenzimmer werden für die Umsetzung des Vorschlages benötigt, aber es sind, einschließlich der Räume in den beiden Pavillons, nur 10 da. Deshalb müssen noch mehr Kinder als bisher im Keller unterrichtet werden; zudem ist klar, dass es nicht ohne Schichtunterricht geht.

Da es sich möglicherweise um einen länger anhaltenden Zustand handelt, werden die entsprechenden Kellerräume so hergerichtet, dass sie als Klassenzimmer nutzbar sind. Während der Sommerferien werden zahlreiche Renovierungs- und Umbau-Arbeiten an und in der Schule durchgeführt: das Schulgebäude erhält einen neuen Außenanstrich, im Innern werden die Flure, Fenster und Heizkörper gestrichen. Da die vorhandenen Fahrradständer für die neue Schülerflut bei weitem nicht mehr ausreicht, wird zwischen dem Hauptgebäude und dem ersten Pavillon ein neuer Ständer aufgestellt.

Die Werkräume im Keller werden komplett umgebaut: die Wände werden mittels Gipsplatten verputzt, an der Decke werden Kunststoffplatten angebracht, um einen ordentlichen Schallschutz zu gewährleisten. Neue Fußböden sind nötig, desgleichen jeweils ein Waschbecken sowie eine ausreichende Beleuchtung. Der neue Schulleiter versucht, gute Miene zum „bösen" Spiel zu machen:

Im Schuljahr 1968/69 kommt Bewegung in Pulheims Schulen – im wahrsten Sinne des Wortes

Und dann beginnt die äußerst komplizierte und sorgfältig ausgetüftelte Umlagerung und „Verschickung" der Pulheimer Schüler und des dazugehörenden Materials. Am einfachsten haben es noch die Schüler der Hauptschule: sie soll zu einer dreizügigen Schule ausgebaut werden und erhält dazu eine Erweiterung um fünf Klassenräume und drei Kursräume.

Die 1965 gegründete Realschule hatte offenbar mehr Zulauf als erwartet, so dass schon gleich 1965 nicht alle angemeldeten Kinder aufgenommen werden konnten. Um dem steigenden Bedarf Rechnung zu tragen, wurde an der Hackenbroicher Straße eine neue Realschule errichtet. Bis zur Fertigstellung des Neubaus wurden vorübergehend vier Realschulklassen in der Grundschule Escher Straße untergebracht.

Das brachte, am Rande bemerkt, auch für die Lehrer der Realschule einige Unannehmlichkeiten, die sie aber größtenteils mit Humor nahmen: um von einer Stunde zur anderen zu kommen, mussten sie zu Fuß, per Auto oder mit dem Fahrrad erst einmal durch halb Pulheim fahren. Die Situation wurde dadurch erschwert, dass die Realschule zwischenzeitlich auf vier Orte aufgeteilt war: im Jugendheim in der Lindenstraße, in der Bachstraße, am Friedrich-Miethe-Weg sowie im Feuerwehrhaus am Marktplatz warteten jeweils Kinder auf ihren Unterricht. Die Lehrer trafen sich wahrscheinlich öfter auf der Straße als in der Schule! Und als die neue Realschule dann fertig war, wurde in den Jahren 1969 bis 1974 dort zusätzlich das Gymnasium untergebracht, das noch kein eigenes Schulgebäude hatte. Das Pulheimer Schulzentrum wurde erst im Dezember 1974 eröffnet.

Wo 443 Kinder unterkommen, ist auch für 560 Platz ...

Durch die Unterbringung einiger Realschulklassen in der katholischen Grundschule Escher Straße gibt es dort natürlich für die Grundschüler wiederum zu wenig Platz. Wahrscheinlich hatte sich die Verwaltung überlegt, dass die evangelische Grundschule mittlerweile genügend Erfahrung in Platzbeschränkung und Schulhausteilung hat, deshalb werden die Grundschüler der Escher Straße in die Dietrich-Bonhoeffer-Schule „ausgelagert".

In den Sommerferien setzt ein eifriges Hin- und Herfahren von Schulmöbeln, Lehrmitteln und sonstigen nötigen Dingen von einer Schule zur nächsten beziehungsweise von einem Schulteil zum anderen ein.

Den 293 Schülern der evangelischen Schule stehen nur sieben Klassenzimmern zur Verfügung, wegen Lehrermangels im katholischen Teil der Schule wird ein Lehrer, Herr Frick, vorübergehend an die katholische Grundschule im Keller „ausgeliehen". Die Schule platzt jetzt endgültig aus den Nähten! Der Schulleiter vermerkt die gigantische und kaum vorstellbare Schülerzahl in der Schulchronik:

> *„Vom Keller bis zum Obergeschoss ist unser Hauptgebäude vollgestopft mit Klassen. Die Pausenhöfe sind bei über 560 Kindern bis auf den letzten Quadratmeter ausgefüllt!"*

Aber diesmal klappt das notgedrungene drangvolle Zusammenleben sehr viel besser als in den Anfangsjahren der evangelischen Grundschule, zumal ja ein Ende der Überfüllung abzusehen ist.

Gaspar & Co. OHG

Auf dem Driesch 12
50259 Pulheim
Telefon (02238) 6364

**Schreibwaren
Schul- und Bürobedarf
Tabakwaren
Foto**

Trotz der umfangreichen Verschönerungs- und Ausbaumaßnahmen seitens der Gemeinde zwecks Schaffung eines einigermaßen erträglichen Zustandes gibt es vehemente Einwände von Eltern und Presse; der Ausdruck „Pulheimer Kellerkinder" ist geboren.

Im Keller wurde der Bürgermeister böse

Dohmen: Kinder vernünftig untergebracht

Von Harald Ojasson

Pulheim (poj) — Erbost wandte sich Bürgermeister Robert Dohmen gegen die Bezeichnung „Kellerkinder" und führte die Presse durch die Räume der Schule Auweiler Straße. Besonders aus der evangelischen Elternschaft war der Vorwurf gegen die Unterbringung von Kindern der katholischen Grundschule Escher Straße in drei Kellerräumen im Gebäude Auweiler Straße erhoben worden.

Alle Räume sind hell, ausreichend belüftbar und renoviert, von den drei Klassenzimmern zwei bestimmt von ausreichender Größe. Urteil aller Anwesenden: Durchaus zumutbar, besonders als Provisorium. „In manchem alten Schulgebäude haben die Kinder nicht so viel Licht und Luft", sagte Bürgermeister Dohmen.

Zur weiteren Schulplanung erklärte Bürgermeister Dohmen, daß die Hauptschule Escher Straße in Fertigbauweise um fünf Klassenräume und drei Kursusräume erweitert und recht bald zu einer dreizügigen Hauptschule ausgebaut werde. Geld dafür sei im Etat 1968 vorhanden, die Gemeinde warte auf die Genehmigung zum vorzeitigen Baubeginn.

Die katholische Grundschule Escher Straße bleibe aber im Gebäude der evangelischen Schule Auweiler Straße. Die an der Sinnersdorfer Straße vorgesehene zweite evangelische Volksschule soll umgeplant und verkleinert und als zweizügige Grundschule gebaut werden. Mit dem Bezug dieser Schule sei alle Raumnot endgültig gebannt.

Derzeit ist die katholische Grundschule Bachstraße mit 260 Kindern in sieben Klassen belegt. Im Gebäude Auweiler Straße werden in sieben Klassen 276 evangelische Kinder unterrichtet und 290 Kinder der katholischen Grundschule in drei normalen Klassenräumen, vier Pavillonklassen und drei Kellerräumen. Die Hauptschule unterrichtet in zwölf Klassen 469 Kinder.

Pulheimer sprechen von Kellerkindern

Schulsituation soll schlecht sein

Pulheim (pö) — „Aus mieser Situation das Beste gemacht", hieß ein Bericht im KStA vom 8. August, der die Schulsituation im Landkreis wiedergab und sich besonders mit den räumlichen Verhältnissen befaßte. Zu der darin wiedergegebenen Erklärung von Gemeindedirektor Schiffer, daß kein Raummangel bestehe und die Kellerräume vernünftig ausgebaut worden seien, schreibt uns Ernst Taise, Vorsitzender der evangelischen Schulpflegschaft:

„Diese Erklärung des Gemeindedirektors kann und darf nicht unwidersprochen bleiben. Wenn man die Schulverhältnisse in der Schule an der Auweiler Straße betrachtet, dann darf man nicht nur den teilweise neuen Anstrich sehen — der wohl vom Gemeindedirektor gemeint war —, sondern man muß auch die Behelfsräume der katholischen Grundschule mit denen einer normalen Grundschule vergleichen."

Bei rund 600 Schulkindern seien nur sechs Mädchen- und vier Knabentoiletten vorhanden. Die Raumhöhe in den drei Kellerklassen betrage 2,30 Meter. „Die Luftverhältnisse sind auf Grund der niedrigen Räume bereits im Sommer, wo die Fenster geöffnet werden können, nicht vertretbar. Wie sieht es erst im Winter aus?", fragt Taise.

Bei unzureichendem Tageslicht müßten in diesen Räumen das dritte und vierte Schuljahr mit 28 Stunden je Woche unterrichtet werden. Nur ein Lehrerzimmer stehe für zwei zweizügige Grundschulen zur Verfügung, Mehrzweckräume und ein Lehrmittelraum fehlten. Zum Schluß fragt Taise, „ob dieses eine vernünftige Planung ist, und ob dieses mit der Erklärung des Gemeindedirektors übereinstimmt."

Dem Schreiben des Schulpflegschaftsvorsitzenden ist ein Flugblatt der Pulheimer SPD beigefügt, betitelt „Pulheimer Kellerkinder". Darin heißt es unter anderem:

„Die CDU hat bewußt die Grundschulangelegenheit verzögert, um die Bekenntnisschulen zu erhalten. Den Elternwillen (geheime Abstimmung) fürchten sie. Sie wünschen deshalb keine Abstimmung."

Es sei Verschleierung, von einer temporären, also vorübergehenden Lösung zu sprechen. Die CDU „lehnte einen Antrag des SPD-Ratsmitgliedes, Heidt ab, der den Bau der neuen und beschlossenen Schule an der Sinnersdorfer Straße und die Bereitstellung von 500 000 DM hierfür im Haushalt 1969 forderte. Damit dürfte feststehen, daß die von der CDU beschlossene Lösung nicht temporär, sondern von Dauer sein wird." Der Beschluß verstoße gegen das neue Schulgesetz.

Pulheimer Kinder sollen nur kurze Zeit im Keller lernen

Von WILLI BRÜMMER

br. Pulheim. Seit dem neuen Schuljahr werden drei Klassen der katholischen Grundschule Escher Straße in Kellerräumen der Schule Auweiler Straße unterrichtet. Diese Maßnahme führte zu wenig erfreulichen Diskussionen in Schulpflegschaften und in der Bevölkerung. Die NRZ untersuchte das Problem der „Kellerkinder".

Aus den letzten Ratssitzungen sind die auch in Pulheim zu wälzenden Schulprobleme bekannt. Von einem glücklichen Start in das neue Schuljahr war hier zurückhaltend, dort zuversichtlich die Rede. In einem Gespräch mit Bürgermeister Robert Dohmen und Gemeindedirektor Ludwig Schiffer konnte sachlich nüchtern und fern jeglicher Parteipolitik Bilanz gezogen werden.

In der Gemeinde Pulheim haben sich eine Hauptschule und drei Grundschulen etabliert. Die Hauptschule im Trakt Escher Straße hatte einen guten Start. 469 Kinder werden in zwölf Klassen, davon zwei in einem Pavillon gut eingerichtet, unterrichtet. Notwendige Nebenräume stehen zur Verfügung.

Bald Klassen frei

In der katholischen Grundschule haben 260 Kinder in sieben Klassenräumen Aufnahme gefunden. Vier weitere Klassenräume dienen noch bis etwa Ende Oktober der Realschule. Dann wird das Provisorium aufgelöst und die neue Realschule an der Hackenbroicher Straße bezogen. Dann werden in der Bachstraße Klassenräume für schulische Zwecke ungenutzt sein.

Es bleibt zumindest für dieses Schuljahr die beklemmende Enge in der Schule Auweiler Straße bestehen. Diese Schule wurde mit sechs Klassenräumen 1960 in Betrieb genommen. Diese Klassen stehen mit einem weiteren Raum „über Tage" der evangelischen Grundschule zur Verfügung. 276 Kinder gehören diesem Schulsystem an.

Durch die Unterbringung der katholischen Grundschule Escher Straße auf diesem Gelände erfuhr der Schulbetrieb hier eine Ausdehnung: 290 Kinder werden in sieben Räumen unterrichtet. Zur Verfügung stehen in Pavillons vier Räume und im Keller des Gebäudes drei Räume, die eigens hierfür eingerichtet wurden.

Nun läßt sich über den Begriff „ordnungsgemäße Klassenräume" streiten. „Für unsere Kinder ist nichts gut „genug", verlautete es nach dem Kriege allerorten. In Einzelfällen wurde sogar regelrechter Komfort betrieben. Die provisorisch hergerichteten Kellerräume in der Schule Auweiler Straße haben weder etwas mit dem Prädikat „sehr gut", geschweige denn mit Komfort zu tun.

Der Bürgermeister und der Gemeindedirektor wollen die Einrichtung dieser Kellerklasse auch nur als eine kurzfristige Notlösung verstanden wissen. Allein aus dieser Sicht seien die Räume vertretbar. Dieser einschränkenden Auffassung kann man sich anschließen, denn die Räume sind gut durchlüftbar, hell und trocken. In zwei Kellerräumen beträgt die lichte Höhe 2,41 Meter, das sind genau neun Zentimeter weniger als das Limit von 2,50 Meter. Kreisobermedizinal-Direktor Dr. Klein stärkte den Spitzen in Rat und Verwaltung den Rücken durch die Feststellung, „Einwendungen gegen die Benutzung der Kellerräume als Klassenräume werden nicht erhoben".

Doch auch der Mediziner geht davon aus, daß es nur eine vorübergehende Lösung ist und „tunlichst" alle halbe Jahre die Schüler in andere Räume zu wechseln.

Gemeinde drängt

Wie in der letzten Ratssitzung beschlossen wurde, lebt das alte Neubauprojekt Schule an der Sinnersdorfer Straße wieder auf. Gemeindedirektor Schiffer bestätigte, daß mit Hilfe dieser neuen Schule bereits ab nächstes Schuljahr Pulheims räumliche Schulverhältnisse klar seien. Die Bauzeit betrage etwa sechs Monate. Noch fehle der Bewilligungsbescheid für die Landesmittel. Deshalb habe die Gemeinde bei der Regierung Antrag auf vorzeitigen Baubeginn gestellt. Aber auch für diese Maßnahme fehle noch die Bewilligung. Wie Gemeindedirektor Schiffer zeigte sich auch Bürgermeister Dohmen zuversichtlich, daß im nächsten Jahr an der Sinnersdorfer Straße eine zweizügige Grundschule ihre Tore öffnen könne.

Offen blieb die Frage, ob nicht doch Gemeinschaftsschulen eingerichtet werden sollen. Sowohl der Verwaltungschef als auch der Bürgermeister vertreten jedoch die Auffassung, daß dies nicht Sache des Rates sei, sondern eine Angelegenheit der Eltern.

DAS LETZTE PLÄTZCHEN wird in der Grundschule an der Auweiler Straße in Pulheim ausgenutzt. Ein Wasserhahn am Experimentiertisch weist darauf hin, daß im Kellergeschoß einmal ein Physikraum war.   NRZ-Fotos: Rohen

Landunter –
die Schüler bekommen nasse Füße

Nicht nur wegen des Platzmangels und der in der Presse bemängelten Einschränkungen in den Kellerräumen ist die Unterbringung von Klassenzimmern im Keller problematisch. Das zeigt sich schon sehr bald nach den Sommerferien 1968: am 31. August verursacht ein tagelanger Regen eine Überschwemmung im Keller der Dietrich-Bonhoeffer-Schule. An Unterricht in den Kellerklassen ist natürlich nicht zu denken. Wie immer, wenn so etwas passiert, ist natürlich Wochenende. Die Feuerwehr arbeitet zwar rund um die Uhr und auch am Wochenende, aber die muss erst einmal etwas von der Bescherung erfahren. Und da liegt das Problem: die Schule hat keinen eigenen Telefonanschluss. Telefonate können nur über die Gemeindeverwaltung geführt werden, die an Samstagen aber nicht geöffnet ist; deshalb muss der Schulleiter zur nächsten öffentlichen Telefonzelle laufen, um die Feuerwehr zu benachrichtigen. In den vergangenen Jahren wies die Schulleitung die Gemeindeverwaltung immer wieder auf die unmögliche Situation hin – bisher ohne Erfolg. Der Wassereinbruch überzeugt die Verantwortlichen von der Notwendigkeit eines eigenen Schultelefons – und Anfang November bekommt die Schule endlich ihr ersehntes Telefon.

Die Enge hat auch etwas Gutes –
die Schule wird schön ausstaffiert

Um die Situation etwas zu mildern, haben sich die Lehrer zum Ziel gesetzt, die Ausstattung des Schulhauses in mühevoller und liebevoller Kleinarbeit zu verbessern.

„Das Lehrerkollegium macht sich daran, das Schulgebäude freundlich auszuschmücken. In der Eingangshalle wird ein Blumenkübel aufgestellt und ein Mobile aus Muscheln aufgehängt. Die Batikarbeiten unseres früheren Werklehrers, Herrn Dally, finden im Flur des Verwaltungstraktes Platz. Unser Konferenzzimmer wird mit neuem Mobiliar eingerichtet. Im oberen Flur wird eine Schauvitrine aufgestellt, in der unsere Tierpräparate und andere „Sehenswürdigkeiten“ zur Schau gestellt werden sollen. Auch die Neueinrichtung der Bücherei und des Lehrmittelraumes bringen viel Arbeit mit sich, die sich nur in unbezahlten, zusätzlichen Stunden an vielen Nachmittagen bewältigen lässt.“

Unsere Schulbücherei

Eine bei allen Schülern beliebte Einrichtung ist unsere Schulbücherei. Seit ihrer Gründung konnte sie ihr Angebot vervielfachen. In vertrautem Rahmen werden hier die Kinder von klein auf an den Gebrauch einer Leihbücherei herangeführt. Die Schulbücherei wird von Müttern betreut.

Die derzeitige Leiterin, Frau Kühn, stellt unsere Bücherei vor:

„Es gibt Regenwürmer, Wattwürmer, Holzwürmer und ...

Bücherwürmer!

Es gibt Bisamratten, Landratten, Wanderratten und ...

Leseratten!

Damit diese Arten nicht aussterben, wurde bereits im Herbst 1968 in der Dietrich-Bonhoeffer-Schule eine Schulbücherei gegründet.
Die bescheidenen Anfänge kamen durch die Hilfe der Eltern und Spenden zustande.
Auch heute noch – im Zeitalter von Gameboy, Video und Computer – oder sollte man besser sagen: besonders heute - kommt unserer Schulbücherei eine große Bedeutung zu.
Viele Kinder haben so die Möglichkeit, eine große Auswahl von Büchern zur Verfügung zu haben. Unsere Bücherei weist heute einen stolzen Bestand von ca. 1500 Büchern aus!
Für unsere Lesebeginner (1. Schuljahr) ist ebenso gesorgt wie für unsere Viertklässler, die sich gerne zum Beispiel – ganz aktuell – in Harry Potter oder unsere vielen Sach- oder Abenteuerbücher vertiefen. Alle Alters- und Lesestufen werden beim alljährlichen Einkauf berücksichtigt.
Wir haben das große Glück, jedes Jahr vom Förderverein der Dietrich-Bonhoeffer-Schule (der ja durch die Beiträge und freiwilligen Spenden der Eltern gefördert wird) einen Beitrag zur Verfügung gestellt zu bekommen.
Natürlich ist auch das Betreiben dieser Bücherei nur mit Hilfe engagierter Eltern möglich. Jeden Schultag steht freiwillig eine Mutter von 8 bis 9 Uhr zur Bücherannahme und – ausgabe zur Verfügung. Die Bücher werden registriert, sortiert und gegebenenfalls auch schon mal repariert. Die Damen haben an manchen Tagen alle Hände voll zu tun, denn von unserer Bücherei wird rege Gebrauch gemacht!"

Gaby Kühn

Die Schule braucht mehr Platz

Im nächsten Schuljahr, 1969/70 hat die Gemeinde ein Einsehen: 17 Klassen in einem Gebäude, das ursprünglich für sechs Klassen gebaut wurde, sind einfach zu viel. Deshalb bekommt die Schule einen neuen Pavillon, zusätzlich wird Ende der Sommerferien die Mädchentoilette vergrößert. Der neue Pavillon kann im Dezember von zwei Klassen bezogen werden. Um die Situation im Keller etwas zu entzerren, werden die beiden Klassenräume vorerst für die katholische Grundschule eingerichtet.

Damit der Rektor der katholischen Grundschule, Matthias Bonnesen, bei seinen Schülern und Lehrern sein kann, wird ihm im Gebäude der Dietrich-Bonhoeffer-Schule ein Büro, das bisherige Sprech- und Verwaltungszimmer, zur Verfügung gestellt.

In diesem Schuljahr wird Herr Dally Konrektor der Dietrich-Bonhoeffer-Schule. Die Situation ist alles andere als rosig: für die acht Klassen mit insgesamt 302 Kindern gibt es nur sechs Lehrer. Einer der Lehrer, Herr Griese, muss stundenweise auch noch Englisch-Unterricht am Bezirksseminar in Brühl abhalten und steht deshalb nicht mit der vollen Stundenzahl zur Verfügung. Der Rektor notiert in der Schulchronik:

Als Neuerung, die nicht gerade zur Entschärfung der Situation beiträgt, wird der Stichtag für die schulpflichtigen Kinder verschoben. Es können jetzt auch Kinder eingeschult werden, die erst im Dezember sechs Jahre alt werden. Dadurch muss die Schule 98 Erstklässler aufnehmen, die auf drei erste Klassen verteilt werden müssen – immerhin ca. 33 Schüler pro Klasse.

Endlich haben das zähe Ringen und die endlosen Anträge des Rektors Erfolg: es kommt, zunächst zwar nur für 10 Stunden, eine Aushilfslehrerin an die evangelische Grundschule. Im darauffolgenden Schuljahr soll sie ein eigenes erstes Schuljahr übernehmen.
Das Schuljahr 1970/71 beginnt mit drei ersten Schuljahren mit 95 Schulneulingen. Insgesamt wird die Schule von 328 Kindern besucht, die in neun Klassen von neun Lehrern unterrichtet werden.

Endlich hat die Schule mehr Platz – aber nicht für lange

Zwei Wochen nach Beginn des Schuljahres 1970/71 zieht die katholische Grundschule aus ihrem „Asyl" in der Dietrich-Bonhoeffer-Schule aus und in das fünfklassige Schulgebäude an der Escher Straße ein. Der zweite Pavillon der Auweiler Straße wird, obwohl er erst vor einem Jahr aufgebaut wurde, abgerissen und auf dem Gelände der Schule Escher Straße wieder aufgebaut. Zwei Schuljahre der katholischen Grundschule bleiben noch im zweiten Pavillon. In der evangelischen Grundschule können jetzt wieder beide Kellerräume als Werk- und Zeichenräume für das 3. Schuljahr benutzt werden. Die Freude währt aber nicht lange, denn am 30.10.1970 brennt der Kindergarten am Friedrich-Miethe-Weg aus. Herr Dally zieht mit seinem 1. Schuljahr in die Kellerräume und macht den Pavillon frei für den Kindergarten.

Es geht aufwärts –
jede Klasse bekommt ein eigenes Klassenzimmer

Aber auch diese Gäste sind nur vorübergehend in der Schule untergebracht, und im Schuljahr 1971/72 notiert der Rektor stolz in die Schulchronik:

   Was für ein Luxus!

Mittlerweile hat die Schule einen neuen Rektor bekommen: Herr Föll übernimmt zu Beginn des Schuljahres die Leitung der Hauptschule. Bis zum Dezember wird Konrektor Dally kommissarischer Leiter der Dietrich-Bonhoeffer-Schule, dann wird er zum Rektor ernannt; Konrektorin wird Frau Höhle.

Frau Maas mit ihrer Klasse 1970

Klassenfoto 1971

Herr Dally 1971

Frau Pape mit ihrem 1. Schuljahr 1972

Frau Mörs (3. Schuljahr 1973)

Herr Dally, 3. Schuljahr 1973

Ein Mädchen, das in dieser Zeit Schülerin unserer Schule war, hat heute selber ein Kind, das die Dietrich-Bonhoeffer-Schule besucht.
Ein Foto ihrer damaligen Klasse mit der Klassenlehrerin Frau Vogel war leider nicht aufzufinden, aber einige Erinnerungen, ein altes Zeugnis, das Einschulungsfoto und eine Aufnahme von einem Klassenausflug sind noch vorhanden:

„Meine Tochter wurde im vorletzten Sommer eingeschult und kommt nach den Ferien schon in die 3. Klasse. Dabei ist es doch noch gar nicht lange her, dass ich eingeschult wurde: schlappe 28 Jahre! Ich habe festgestellt, ob es wohl am Alter liegt, dass ich nicht mehr all zu viele Erinnerungen an diese Zeit habe. Also, ab in den Keller und in den alten Kisten kramen. Na, wer sagt´s denn: ich habe tatsächlich noch Bilder und sogar mein Zeugnis von der Grundschule gefunden!
Was muss ich da sehen: ich war in der selben Klasse wie meine Tochter jetzt: 2b. Im Hauptgebäude war unsere Klasse nie, immer im Pavillon. Wir Kinder fanden das toll: weit weg vom Lehrerzimmer! Meine Klassenlehrerin war Frau Vogel. Eine sehr große Frau mit einer Topierfrisur und einem ganz kleinen Auto (Bambini). Ich kann mich noch genau daran erinnern, wie lustig es aussah, wenn sie aus diesem Auto ausgestiegen ist. Sie musste sich ziemlich krumm machen.
Im letzten Halbjahr bekamen wir dann eine neue Lehrerin: Frau Reichow. An Herrn Fricke kann ich mich auch noch ziemlich gut erinnern! Er war ganz schön streng, besonders beim Schwimmunterricht. Ein Satz von ihm klingt mir immer noch in den Ohren: „Beim Rückenschwimmen Bauch hoch, Po runter!"
Unsere Abschiedsklassenfahrt ging nach Dannenberg. Ja, das waren noch Zeiten. Ich bin mal gespannt, was meine Tochter noch so alles auf der Dietrich-Bonhoeffer-Schule erlebt.
Hoffentlich werde ich nicht all zu oft zum Rektor bestellt, um zu hören, was sie alles so angestellt hat!"

Bettina Gorke (geb. Steffen, Mutter von Anna Gorke)

Einschulung 1973:
im Hintergrund ist der alte Pavillon zu erkennen

Klassenausflug

Die Schule bekommt einen Schulkindergarten

Im Schuljahr 1972/73 wird an der Dietrich-Bonhoeffer-Schule ein Schulkindergarten eingerichtet. Frau Herzogenrath übernimmt für die ersten fünf Jahre die Leitung der schuleigenen Vorschule, dann wird sie von Frau Gutenschwager abgelöst. Der Schulkindergarten soll die noch nicht schulreifen Kinder aller drei Pulheimer Grundschulen übernehmen. Gleich zu Beginn wird er von 20 Schülern besucht.

Mit den zunehmenden Schülerzahlen und der damit verbundenen Vermehrung der Klassen wird auch das Lehrerkollegium größer. Damit werden aber die Probleme nicht weniger. Im Schuljahr 1974/75 wird ein erneuter Antrag auf mehr Platz bei der Gemeinde gestellt:

„Zum ersten Male hat jede Klasse ihren eigenen Klassenlehrer. Die Schule platzt jedoch aus den Nähten. Der letzte Raum ist besetzt. Notruf an die Gemeinde: Ein 3. Pavillon muss / soll aufgestellt

Mehr Platz für Schüler

Pulheim (hok) — Nach den Weihnachtsferien sollen die Schüler und Schülerinnen der evangelischen Grundschule an der Auweilerstraße mehr Platz bekommen. Wie die Gemeindeverwaltung mitteilte, werde ein Pavillon für zwei Klassen während der Ferien auf das Gelände der Schule versetzt. Mit dieser Maßnahme, zu der der Realschulverband schon vor einigen Monaten seine Zustimmung gegeben hatte, könne man den größten Raummangel beheben.

(Kölner Stadtanzeiger, 12.12.1974)

Die Ausschachtungsarbeiten beginnen Ende 1974; Ostern 1975 ziehen zwei Klassen in den neuen Pavillon um.

Der Platz reicht immer noch nicht – der Anbau wird errichtet

Die Pavillons reichen beim besten Willen nicht lange, zumal sie allmählich renovierungsbedürftig werden. Der ursprünglich angestrebte Nutzungszeitraum von zehn Jahren ist für den ersten Pavillon schon überschritten. Es ist abzusehen, dass er ersetzt werden muss. Verschiedene Vereine möchten ihn, wenn er von der Schule nicht mehr benötigt wird, gerne für ihre Zwecke nutzen, aber wegen der zahlreichen Mängel soll das Gebäude abgerissen werden.

Anfang 1980 wird ernsthaft über einen Erweiterungsbau nachgedacht, und im Verlauf der nächsten Jahre entwickelt sich ein reger Briefwechsel mit den verschiedenen zuständigen Stellen: mit dem Bürgermeister und dem Stadtdirektor, dem Landrat, dem Schulrat, dem Regierungspräsidenten und mit den Vertretern der Parteien.

Alle fordern den Erweiterungsbau

PULHEIM. (pbs) Die Raummisere an der Dietrich-Bonhoeffer-Schule hat einen vorläufigen Höhepunkt erreicht. In der vergangenen Woche wurde ein Pavillon der Grundschule an der Auweiler Straße vorübergehend geschlossen, weil die Stützpunkte der Trägerpfosten über dem Boden verfault sind und eine Standsicherheit nicht mehr garantiert ist.

Die beiden Klassen, die in dem Pavillon untergebracht waren, müssen für die Dauer der Reparatur Unannehmlichkeiten in Kauf nehmen. Eine Klasse muß einen Raum mit einer anderen teilen, während die andere Klasse in einem Kartenraum im Keller untergebracht ist.

»Wir hätten auch unser Lehrerzimmer zur Verfügung gestellt«, erklärt Schulleiter Alfred Dally. »Der Schulbetrieb wird nicht beeinträchtigt«. Die Stadtverwaltung schaltete schnell und vergab bereits eine Stunde nachdem eine Kommission des Hochbauamtes den Schaden festgestellt hatte den Auftrag für die Reparatur. Bereits in vierzehn Tagen sollen die Kinder den Pavillon wieder beziehen können.

Doch gibt es dazu auch sehr kritische Stimmen. Ein Lehrer: »Vor fünf Jahren wurde schon festgestellt, daß die Baracke baufällig ist. Es war davon die Rede, keine müde Mark mehr für die Reparatur zu verwenden. Stattdessen wollte man den Bau des Erweiterungsgebäudes vorantreiben!«

In der Tat, beim Regierungspräsidenten existiert eine Aktennotiz, daß an der Grundschule Auweiler Straße in punkto Raumnot »unbedingt etwas geschehen müsse«. Denn seit Jahren werden drei Klassen ständig im Keller unterrichtet. Die Stadtverwaltung legte inzwischen auch schon einen detaillierten Plan der Bezirksregierung vor. Er kam allerdings zurück mit der Begründung, er solle an dem Schulentwicklungsplan angeglichen werden. Doch dieser Plan sagt aus, daß die Dietrich-Bonhoeffer-Schule mindestens dreizügig bleiben wird.

Nach Auskunft der Stadtverwaltung wird der Erweiterungsbau spätestens in fünf Jahren stehen. Bis dahin wird wohl in jedem Jahr weiterrepariert....

Die angefaulten Trägerpfosten sind nicht der einzige Mangel an dem jetzt stillgelegten Pavillon. Ständig ist das Dach undicht, im Winter friert die Wasserleitung ein.

Stadtblatt
2.2.1982

Schüler sollen aus dem Keller

FDP-Vorsitzender Umpfenbach erinnert die Regierung an ihre Versprechen

URSPRÜNGLICH WURDEN an der Evangelischen Grundschule nur sechs Klassen unterrichtet, mittlerweile hat sich die Schülerzahl vervielfacht. Bild: IG

Pulheim (hk) — Der Erweiterungsbau der Evangelischen Grundschule an der Auweiler Straße muß nach Ansicht des FDP-Fraktionsvorsitzenden Hans Umpfenbach Vorrang vor allen anderen Maßnahmen im Stadtgebiet bekommen. Der Politiker appellierte an die Regierung, ihre Zusagen einzuhalten. Bei allem Verständnis für den Zwang zum Sparen gehe es nicht an, daß man wichtige Probleme immer wieder vor sich herschiebe.

Nach den bisherigen Planungen soll der Erweiterungsbau nicht vor 1985 in Angriff genommen werden. Die Bezirksregierung hat die Notwendigkeit der Schulerweiterung zwar grundsätzlich anerkannt, die konkrete Planung der Stadt Pulheim aber noch einmal zurückgeschickt mit der Maßgabe, die Erkenntnisse aus dem Schulentwicklungsplan in den Unterlagen zu berücksichtigen. Schüler, Lehrer und Eltern hoffen ebenfalls, daß die Schule, die ursprünglich für sechs Klassen gebaut wurde, mittlerweile aber über 330 Schü-

ler zählt, vor 1985 erweitert wird.

Der FDP-Sprecher, der die Schule auch bereits bei der Forderung nach dem Bau einer Turnhalle unterstützt hatte, weist darauf hin, daß einige Klassen in Kellerräumen, andere in Mehrzweckräumen unterrichtet werden: „Man kann sich nicht vorstellen, daß dieser Zustand noch länger als drei Jahre anhält". Notfalls wolle er mit einem neuen Antrag das gesamte Verfahren noch einmal vorantreiben: „Wir können nicht noch länger warten".

Kölner Stadtanzeiger
2.3.1982

Klassen müssen im Keller bleiben

Drei Heizungssysteme in einer Grundschule

Pulheim (hk) — Energiesparen ist auch in der Stadt Pulheim ein Gebot der Stunde. Zumindest für den Bereich der Evangelischen Grundschule an der Auweiler Straße kann es aber erst in einigen Jahren angewendet werden. Drei Heizsysteme — Elektro, Gas und Öl — sorgen Monat für Monat für verhältnismäßig hohe Energierechnungen. Erst beim geplanten Erweiterungsbau will die Stadt auf ein einziges System — vermutlich Gas — „umsteigen".

Die Diskussionen um die Grundschule gehen derweil weiter. Die Verwaltung hat sich inzwischen selbst korrigiert. Entgegen früherer Auskünfte will man mit dem Erweiterungsbau nicht erst 1985, sondern schon 1983 beginnen. Stadtdirektor Dr. Karl-August Morisse: „Wir wollen es zumindest versuchen."

Kölner tadtanzeiger
6./7.3.1982

„Kein Geld"

Ärger gibt es trotz der inzwischen abgeschlossenen Renovierungsarbeiten in den Pavillons immer noch. Die äußere Holzverkleidung liegt weiter am Boden; nach Auskunft des Technischen Beigeordneten Rolf Cosar können diese Arbeiten erst nach der Genehmigung des Haushalts durchgeführt werden: „Wir haben kein Geld".

Rektor Alfred Dally befürchtet, daß das Holz und auch das übrige Gebäude in der Zwischenzeit weiter leide. Der Schulleiter versteht auch nicht, weshalb man nicht endlich eine Erweiterung gebaut habe: „Seit zehn Jahren — solange bin ich Schulleiter — habe ich auf die Probleme hingewiesen."

Für sechs Klassen sei die Schule gebaut worden, mittlerweile beherbergt sie 16. Drei Klassen seien ständig im Keller untergebracht, in der die Lichtverhältnisse so schlecht seien, daß ständig das Licht brennen müsse, erklärte der Rektor. Außerdem hätten die Kellerräume noch nicht einmal die richtigen Raumhöhen.

Steht in der Ecke

Im Erdgeschoß sei darüber hinaus ein Mehrzweckraum durch eine Klasse belegt: „Wir haben noch nicht einmal die Möglichkeit, eine Videoanlage aufzubauen, die uns die Eltern geschenkt haben. Sie steht in der Ecke."

Erhebliche Kritik üben auch Eltern. So faule das Holz in den Decken weiter; in einigen Räumen tropfe es gelegentlich durch das Dach. Im vergangenen Winter mußte eine Klasse einmal ausgelagert werden — ein Wasserrohr war geplatzt. Gewisse Schwierigkeiten, so eine Mutter, gebe es offenbar auch mit der Heizung: „Untragbare Zustände."

Die Stadt wartet auf die Genehmigung für den Schulbau

Pulheim — Die Stadtverwaltung hofft, daß sie noch in diesem Jahr die Genehmigung der Bezirksregierung für den Erweiterungsbau der Grundschule an der Auweiler Straße erhält. Die Antragsunterlagen aus Pulheim liegen seit etwa zwei Monaten in Köln vor — eine Reaktion erfolgte jedoch bisher nicht. Die Kosten für dieses Projekt, das einen der ersten Plätze auf der Prioritätenliste des Regierungspräsidenten einnimmt, liegen bei rund 1,4 Millionen Mark. Die Stadt hofft auf einen Landeszuschuß von 60 bis 70 Prozent. Ob der Bau schon 1983 oder erst später verwirklicht werden kann hängt jetzt davon ab, wann die Gelder bereitgestellt werden.

Der Erweiterungsbau soll fünf neue Räume schaffen, von denen zwei im Erdgeschoß und drei im Obergeschoß untergebracht werden. Ergänzt wird das Raumprogramm um ein Lehrerzimmer mit Teeküche und die notwendigen sanitären Einrichtungen. Bis zum Bau des Erweiterungsteils müssen die Schüler von zwei Klassen allerdings noch mit Räumen im Untergeschoß vorliebnehmen.

Pulheimer Wochenende 4.10.1982

Im Oktober 1983 kann dann endlich mit den Bauarbeiten für den zweigeschossigen Anbau begonnen werden. Er wird die Schule um fünf Klassenräume, ein Lehrerzimmer, eine Teeküche, Abstellräume und Sanitäranlagen erweitern. Der Baukolonnenführer bleibt in besonders guter Erinnerung, da er nicht nur sachkundig, sondern auch kinderlieb zu sein scheint: er führt wiederholt die Schüler klassenweise über die Baustelle und erklärt geduldig den Fortgang der Arbeiten. Vor dem Anbau wird ein Lehrerparkplatz angelegt.

Zuschuß für die Schule

Pulheim (hk) — Vermutlich im nächsten Frühjahr kann mit den Arbeiten am Erweiterungsbau der Evangelischen Grundschule an der Auweiler Straße begonnen werden. Im Rathaus ging in diesen Tagen die Bewilligung des Regierungspräsidenten ein, die sich auf insgesamt 602 500 Mark (50 Prozent der Gesamtkosten) beläuft.

Der zuständige Beigeordnete Dr. Gerhard Dornseifer begrüßte die Genehmigung. Nun könne nach der Bezirkssportanlage in Stommeln ein weiteres Projekt in absehbarer Zeit realisiert werden.

Vor Mitte April 1983 kann die Stadt vermutlich aber nicht mit dem Bau beginnen, weil vorher die Haushaltsberatungen abgeschlossen sein müssen. Die Verwaltung rechnet mit einer Bauzeit von etwa 15 Monaten; der Erweiterungsbau könnte vermutlich zu Beginn des Schuljahres 1984/ 1985 in Betrieb genommen werden.

Kölner Stadtanzeiger
30.10.1982

Arbeiten an Grundschule bald vollendet

PULHEIM. (sb) Die Rohbauarbeiten für die Erweiterung der evangelischen Grundschule an der Auweiler Straße stehen kurz vor der Vollendung.

Gegenwärtig laufen die Ausschreibungen für die Fenster, die Blitzschutzanlage und die Innenausbauten, die im Februar bzw. März dieses Jahres vergeben werden. Die Terminplanung konnte bisher pünktlich eingehalten werden, so daß der Einzug in die neuen Klassenräume wahrscheinlich wie vorgesehen nach den Sommerferien stattfinden kann.

Der Erweiterungsbau ist auf absehbare Zeit der letzte Schulneubau zur Schaffung von Unterrichtsräumen. Die künftigen Bauprojekte im Schulbereich werden sich auf Sanierungs- und Instandsetzungsarbeiten beschränken.

Februar 1984

1. Bautag Oktober 1983

Am 17. August 1984 können die neuen Klassenzimmer im Anbau erstmalig genutzt werden; das Lehrerzimmer ist erst drei Wochen später fertig – das Verlegen des Bodens hatte länger gedauert. Am 18. September wird der Anbau eingeweiht:

> *„… um genau einen Tag früher – da wären es 24 Jahre gewesen, als die Grundschule in der Auweilerstraße eingeweiht wurde – damals als 6-klassige Volksschule.“*

Beide Kirchen Pulheims schenken der Schule zu diesem Anlass schöne Erinnerungsstücke: von der evangelischen Kirche erhält die Schule ein peruanisches Hungertuch als Wandschmuck, die katholische Schule schenkt ein Buch für die Lehrerbibliothek.

Nicht mehr auf den Keller angewiesen

Erweiterung der Schule Auweiler Straße fertig

Pulheim (hk) – Jahrelang mußten einige Klassen der Evangelischen Grundschule an der Auweiler Straße mit Räumen im Keller vorliebnehmen, mit Beginn des neuen Schuljahres gehört dieser Abschnitt der Vergangenheit an.

Pünktlich nach elf Monaten ist der Erweiterungsbau fertig geworden, am 18. September wird das Ereignis mit einer Einweihung gefeiert.

Mit diesem Projekt hat die Stadt – das wurde in einer Pressekonferenz im Rathaus betont – ihr Schulbauprogramm im wesentlichen abgeschlossen. Auf absehbare Zeit werde an den Schulen im Stadtgebiet wohl kaum noch Raummangel herrschen, meinte Bürgermeister Willi Mevis.

Vor zwei Jahren war der Erweiterungsbau genehmigt worden. Er enthält fünf Normalklassen, ein Lehrerzimmer, eine Teeküche sowie Abstellräume und Sanitäranlagen in zwei Geschossen.

Lediglich die Lehrer müssen sich noch etwas gedulden – die Installation des Parkettbodenbelags in ihrem Zimmer wurd voraussichtlich noch einige Wochen in Anspruch nehmen.

1,25 Millionen Mark kostete der zusätzliche Schultrakt, das Land zahlte die Hälfte davon an Zuschüssen.

September 1984

Einweihung erfolgt Mitte September

Erweiterungsbau der Grundschule Pulheim, Auweilerstraße

PULHEIM. (sb) Nach Beschlußfassung durch die Ratsgremien im Jahre 1981 und der Bewilligung des Regierungspräsidenten Köln Ende des Jahres 1982, konnte das Erweiterungsprojekt der Evangelischen Grundschule Pulheim nach den Sommerferien 1983 begonnen werden.

Der Erweiterungsbau, der fünf Normalklassen, ein Lehrerzimmer, eine Teeküche sowie Abstellräume und Sanitäranlagen in zwei Geschossen beinhaltet, konnte in einer Bauzeit von ca. elf Monaten nunmehr fertiggestellt werden.

Nach der sogenannten Fertigabnahme bezog die Schule die Räumlichkeiten Ende August.

Lediglich das Lehrerzimmer ist z.Zt. noch nicht nutzbar, da die Installation des Parkettbodenbelages voraussichtlich noch ca. drei bis vier Wochen in Anspruch nehmen wird.

Die Kosten der Maßnahme beliefen sich auf ca. 1,25 Millionen Mark, wozu ein Landeszuschuß in Höhe von ca. 600.000 Mark gewährt wurde.

Der Erweiterungsbau dient als Ersatz für die provisorischen Klassenräume im Souterrain des Hauptgebäudes sowie für zwei Pavillonklassen.

Die offizielle Einweihung des Neubaus findet am 18. September, 10 Uhr statt.

Ein Hungertuch aus Peru soll eine Wand zieren

Nach einem Jahr ist der Erweiterungsbau für die Schule fertig

fs Pulheim. Freudentag für die Dietrich-Bonhoeffer-Schule: Nach genau 24 Jahren konnte am Dienstagmorgen der Erweiterungsbau der Schule eingeweiht und mit fünf Klassen und einem Lehrerzimmer ihrer Bestimmung übergeben werden.

Die Kinder umrahmten die Feier mit Musik, Gesang und Gedichten, hatten dann schulfrei und keine Hausaufgaben auf. Rektor Alfred Dally als Hausherr hieß Bürgermeister Willi Mevis, Stadtdirektor Dr. Karl-August Morisse, das Beigeordnetenkollegium, Jürgen Schaufuß MdL, zahlreiche Kommunalpolitiker, Geistliche beider Konfessionen und Schulleiter der anderen Pulheimer Schulen willkommen.

Der Bürgermeister erinnerte daran, daß dieser Anbau dringend notwendig war und deshalb trotz knapper Finanzen vom Regierungspräsidenten auch bewilligt und ein Zuschuß zu den Baukosten von 1,3 Millionen DM von 50 Prozent gewährt wurde. Vor genau einem Jahr war mit den Arbeiten begonnen worden, nach den Schulferien konnte er bezogen werden. Willi Mevis erinnerte daran, daß Planung und Bauleitung in den Händen des Bauamtes der Stadt gelegen haben. Er dankte allen die zum Gelingen beigetragen haben und sagte, daß nun die Kinder das Gebäude mit Leben erfüllen sollen.

Rektor Dally berichtete, wie die Schule das Bauen miterlebt hat und Bauleute und Schule aufeinander Rücksicht nahmen. Nun sind die Räume, auch „wie von selbst" übernommen worden. Es sei höchste Zeit gewesen, die faulenden Pavillons durch den Neubau zu ersetzen. Die Schulpflegschaft sei aktiv geworden und habe die Poltiker gedrängt. Nun fühlten sich Schüler und Lehrer in den neuen Räumen wohl.

Pfarrer Becker von der evangelischen Kirchengemeinde schenkte zum Schmücken der Wände ein Hungertuch aus Peru, Pastor Konieczny überbrachte die Glückwünsche der katholischen Kirche, verbunden mit einem Buch für die Lehrerbibliothek. Schulpflegschaftsvorsitzender Sengespeik berichtete, wie Eltern ungeduldig wurden und sich sehr für den Anbau engagiert hatten. „Wir haben überall Wohlwollen gefunden" stellte er fest und sagte im Namen der Elternschaft Dank. Nun seien alle Wünsche erfüllt.

Endlich ist er fertig, der Anbau für die Dietrich-Bonhoeffer-Schule. Foto: Schenk

Schulpavillon soll abgerissen werden

Ausschuß beschäftigte sich auch mit Schulhöfen

Pulheim (hk) — Ein ehemaliger Pavillon an der Ostgrenze des Schulgrundstücks der Evangelischen Schule an der Auweiler Straße soll abgerissen werden. Der Schulausschuß stimmte einer entsprechenden Empfehlung der Verwaltung zu.

Seit der Erweiterungsbau der Schule bezogen wurde, wird der Pavillon nicht mehr genutzt. Vereine und Klubs, die sich bereits für die Räume interessiert hatten, mußten ihre Hoffnungen begraben. Eine Untersuchung des Hochbauamtes hatte nämlich ergeben, daß das Gebäude erhebliche Mängel aufweist. Es hätte allenfalls noch drei Jahre lang als Lagerraum genutzt werden können

Die Politiker stimmten außerdem dem Antrag der Schulleitung der Gemeinschaftsgrundschule in Dansweiler zu, die Pausenhalle zu vergrößern.

Die erforderlichen Mittel von 125 000 Mark sollen im Haushalt des nächsten Jahres bereitgestellt werden. Der Ausschuß beschäftigte sich schließlich auch ausführlich mit der Freigabe der Schulhöfe zum Spielen (in der unterrichtsfreien Zeit). Von April bis Oktober wird die Zeit bis 20 Uhr, in den übrigen Monaten bis 17 Uhr begrenzt.

Entsprechende Hinweisschilder sollen auch aus Haftungsgründen aufgestellt werden.

Frau De La Roche, Frau Hofmann 1978

Frau Domma 1978

Frau Mörs, 4. Schuljahr 1981

Frau Siebörger, 4. Schuljahr 1981

Frau Kremp (damals Petri) 1982

Frau Janke, 1. Schuljahr 1983

Frau Maas, 1. Schuljahr 1983

Frau Volmer, 1. Schuljahr 1983

Frau Voß, 1. Schuljahr 1983

Das lange Tauziehen hat sich gelohnt –
die Schule bekommt eine eigene Turnhalle

Die Pavillons und der Anbau waren dringend nötig geworden, um dem Zustrom der Schüler genügend Platz zu verschaffen und damit die Grundbedingung für effektives Lernen zu schaffen.

Ein weiterer Bau war auch für die Schule im Laufe der Jahre notwendig geworden: die Turnhalle. Als der Bau des Schulgebäudes 1959 begann, war noch keine Turnhalle eingeplant. Die große Bedeutung sportlicher Betätigung im Rahmen der Schulstunden wurde im Laufe der Jahre immer klarer. Schon früh wird deshalb der Bau einer eigenen Turnhalle ins Auge gefasst. Im Sommer 1976 meldet die Schule ihr Interesse am neben der Schule gelegenen Grundstück an, um dort in naher Zukunft zunächst Sportanlagen zu bauen; über den Bau einer Turnhalle gibt es noch keine konkreten Pläne, aber man will sich diese Möglichkeit auf jeden Fall offen lassen. Der endgültige Kaufvertrag für das Grundstück kann von der Gemeinde jedoch erst im Herbst 1978 unterzeichnet werden; die Verhandlungen hatten sich sehr lange hingezogen. Damit ist aber noch lange nicht das Startzeichen für den Bau einer Turnhalle gegeben. Die zuständigen Kommunalpolitiker können sich nicht einigen und verhandeln das Thema jahrelang. Der Bau einer schuleigenen Turnhalle wird von der Bezirksregierung wiederholt abgelehnt: in Pulheim gäbe es genügend Turnhallen.

Und gerade das ist den Eltern und Lehrern der Dietrich-Bonhoeffer-Schule ein Dorn im Auge. Bereits im April 1976 überreichen die Vorsitzenden der Schulpflegschaft der Verwaltung ein Protestschreiben der Eltern, in dem sie auf die unmögliche Situation hinweisen. Die in Pulheim vorhandenen Turnhallen können zwar von der Schule genutzt werden, aber beim Weg zur Halle und wieder zurück geht wertvolle Zeit verloren, die dem Schulsport nicht zur Verfügung steht. Nach den Richtlinien des Kultusministers sind 42 Sportstunden vorgeschrieben, aber wegen der äußeren Umstände in Pulheim haben die Schüler tatsächlich nur 23 Stunden zum Turnen zur Verfügung. Die nächste Turnhalle ist die Gymnastikhalle der Schule Escher Straße; häufig wird jedoch eine andere Turnhalle aufgesucht, die 20 Minuten entfernt ist. Dadurch verbleibt für die sportliche Betätigung nur gerade die Hälfte einer normalen Schulstunde. Zeitlich ist das in einer einzigen Sportstunde gar nicht zu schaffen, deshalb wird für den Sport immer eine Doppelstunde gebraucht.

Es herrscht also akuter Schulsport-Notstand an der Dietrich-Bonhoeffer-Schule. Mittlerweile ist auch die Presse auf die Situation aufmerksam geworden und kommentiert das Problem ausführlich in den Zeitungen.

Gefahr auf dem Weg zum Sport

Ampelanlage vorläufig nicht in Sicht

Pulheim (hok) — Sie müssen zwar nicht meilenweit gehen, die Anmarschzeit der Schüler und Schülerinnen aus der evangelischen Grundschule in Pulheim zur Turnhalle beträgt aber immerhin 20 Minuten. Rechnet man die Zeit fürs Umkleiden hinzu, steht den Jungen und Mädchen für den Sportunterricht tatsächlich nur die knappe Hälfte einer Schulstunde zu.

Das ist jedoch nur bei wenigen Einzelstunden der Fall. Die Gymnastikhalle der Schule an der Escher Straße liegt nur ein paar Minuten entfernt, und zum Bad für den Schwimmunterricht werden die Jungen und Mädchen gefahren, einige kommen selbst mit Fahrrädern ins Sportzentrum.

Trotzdem herrscht an der Dietrich-Bonhoeffer-Schule akuter Notstand im Schulsport-Unterricht: 42 Sportstunden stünden den 443 Kindern — davon besuchen 22 die Vorschule — die in 14 Klassen unterrichtet werden, nach den Richtlinien des Kultusministers zu. In den verschiedenen Sportstätten hat die Gemeinde der Schule aber nur 23 Stunden zugestanden.

Die Misere um den Schulsport ist in den vergangenen Jahren und Monaten immer wieder von Parteien, Vereinigungen und der Schulpflegschaft aufgegriffen worden: Alle Parteien des Rates machten sich für eine Abhilfe stark, geschehen ist bisher aber nichts — und wird es in den nächsten Jahren wahrscheinlich auch nicht.

Rektor Alfred Dally, der die Unterbringung der Klassen und die Versorgung der Lehrer als gut bezeichnet, hofft, daß die Gemeinde in Kürze ihre Verhandlungen mit dem Eigentümer eines Nachbargrundstücks erfolgreich abschließt: Auf diesem (freien) Gelände könnte dann zumindest in einer Übergangszeit eine Spielwiese den Fehlbedarf lindern. Geschehen müsse unbedingt etwas, wenn man bedenke, in welchem Zustand sich die beiden Hallen befänden, in denen die Schüler bisher unterrichtet würden.

Es gibt jedoch noch ein anderes Problem, mit dem sich die Eltern und die Schulpflegschaft beschäftigen müssen: Der Weg zur Bonhoeffer-Schule ist gefährlich. Wiederholt verunglückten Schüler und Schülerinnen unterwegs.

SPD-Ratsmitglied Herbert Uhr hatte deshalb schon vor einigen Monaten auf die Gefahren hingewiesen und eine Ampelanlage

HOFFT AUF ein Grundstück: Rektor Alfred Dally.

an der Kreuzung Escher Straße/Auf dem Driesch/Worringer Straße gefordert. Nachdem das Straßenverkehrsamt ursprünglich zugesagt hatte — der Pulheimer Rat und die Verwaltung hatten den Antrag unterstützt —, tut sich im Augenblick nichts. Offenbar gibt es unterschiedliche Auffassungen, die nach Meinung des Gemeindevertreters aber nicht auf dem Rücken der Kinder ausgetragen werden dürften.

11.3.1976

Grundstück neben der Schule gesichert

Erweiterungsgelände an der Auweilerstraße

Pulheim (hok) — Sehr böse waren einige Bürger aus Brauweiler, als sie die Sitzung des Liegenschaftsausschusses der Gemeinde Pulheim in Brauweiler besuchen wollten. Der Verwaltung war nämlich ein Versehen unterlaufen, das nur dadurch korrigiert werden konnte, daß man die Gäste höflich, aber bestimmt wieder aus dem Sitzungssaal hinauskomplementieren mußte.

Die Sitzungen des Liegenschaftsausschusses sind nämlich laut Gemeindeordnung grundsätzlich nicht öffentlich, die Verwaltung hatte in der Einladung allerdings den Zusatz „nicht" vergessen.

Wichtigster Punkt der Tagesordnung, zumindest für die Bürger aus Pulheim, waren die Verhandlungen über den Grundstückstausch für die Erweiterung des Geländes neben der evangelischen Grundschule an der Auweilerstraße.

Die Verwaltung teilte den Politikern mit, daß die Verhandlungen erfolgreich verlaufen seien. Damit sind die Voraussetzungen für eine Erweiterung des Schulgeländes geschaffen. Zunächst will man hier Sportanlagen bauen, später soll möglicherweise eine Turnhalle errichtet werden.

Schlecht sieht es dagegen mit der Rekultivierung des Kiesgrubengeländes in Sinnersdorf aus. Nach dem derzeitigen Stand der Dinge, so — Gemeindedirektor Morisse, bestehe kaum die Möglichkeit, einen früheren Vertragspartner zu zwingen, das Gelände zu rekultivieren. Mit diesem Problem müssen sich die Mitglieder mehrerer Ausschüsse in Zukunft noch einmal beschäftigen.

Alles klar ist dagegen mit der Unterbringung der Anna-Hermanns-Schule. Schon im Rat hatte die Verwaltung mitgeteilt, daß man dem Institut das Gelände zur Verfügung stellen wolle, was als früherer Standort für die Sonderschule vorgesehen war.

Kölner Stadtanzeiger 10./11.4.1976

Dienstag, 21. November 1978

Regierung muß jetzt entscheiden

Pulheim (hk) — Wird die Dietrich-Bonhoeffer-Schule (Evangelische Grundschule) im kommenden Jahr doch die so lang ersehnte Turnhalle bekommen? Beigeordneter Willy Kreyer erklärte in der Sitzung des Schulausschusses, dieses Projekt sei mit einem Betrag von 670000 Mark im Haushalt für das kommende Jahr ausgewiesen.

Das erforderliche Grundstück habe die Gemeinde inzwischen gekauft, die Antragsunterlagen — über das Projekt diskutieren die Pulheimer Kommunalpolitiker schon seit einigen Jahren — seien fertig und würden in Kürze der Bezirksregierung überreicht.

Allerdings sei es fraglich, ob die Regierung dem Bau zustimme: „Bisher ist diese Maßnahme immer von der Regierung abgelehnt worden." Die Bezirksregierung stützt ihre Haltung auf das gesamte Turnhallenangebot in der Gemeinde Pulheim.

Kölner Stadtanzeiger
21.11.1978

KSTA 14.11.79

RP kam mit Geschenken

Pulheim (hk) — Bei seinem Besuch brachte Regierungspräsident Dr. Franz-Josef Antwerpes auch die Genehmigungen für drei Projekte mit.

Zum einen den Bewilligungsbescheid für den Neubau des Rathauses. Die Gemeinde bekommt einen Zuschuß von 75 Prozent oder 7,2 Millionen Mark von den Gesamtkosten in Höhe von 9,6 Millionen Mark. Allerdings muß man vorher noch einige Auflagen erfüllen.

Der Besuch von zwei Vertretern der Elternpflegschaft der Grundschule Auweiler Straße hatte auch Erfolg. Antwerpes kündigte an, daß der Bewilligungsbescheid für die Turnhalle in spätestens drei Wochen im Rathaus vorliegen werden.

Sehr zur Freude der Sinnersdorfer Sportler wird noch in diesem Jahr mit dem Neubau des Sportplatzes begonnen. Aus Rückflußmitteln, so erklärte der RP, habe man einen Zuschuß von 125 000 Mark für dieses Projekt nehmen können.

Kölner Stadtanzeiger
14.11.1979

Da die Verwaltung zunächst auf ihrem Standpunkt beharrt, wird die Protest-Aktion im November 1979 wiederholt. Diesmal überreichen die Eltern einer anderen Instanz einen Antrag der Schulkonferenz: als der Regierungspräsident Dr. Antwerpes Pulheim besucht, wenden sie sich mit ihrer Bitte an ihn.

Herr Dally schreibt dazu in der Schulchronik:

„Wir dürfen auf den Bau einer Turnhalle an unserer Schule hoffen! Zwei couragierte Eltern treffen Herrn Dr. Antwerpes im Zanderhof und überreichen ein Schreiben der Schulkonferenz. Der Bewilligungsbescheid wird sicher kommen!“

1981 haben die Proteste und Anträge endlich Erfolg: die Schule bekommt ihre eigene Turnhalle.

Die Turnhalle wird gebaut

Aber wie sollte es auch anders sein nach dieser langen Zeit des Wartens und Hoffens: ohne Probleme geht es auch beim Bau der Turnhalle nicht. Diesmal ist der Boden der künftigen Turnhalle Stein des Anstoßes. Die Turnhallen werden ja nicht nur von den Schulen genutzt, sondern auch von den verschiedenen ortsansässigen Vereinen. Die Tanzsportabteilung des PSC hatte ihr Auge auf die Dietrich-Bonhoeffer-Turnhalle geworfen und beantragte, dass die neue Turnhalle einen Parkettfußboden bekommt. Nach Erkenntnissen von Sportpädagogen ist aber für den Schulsport ein PVC-Boden am besten.
Schließlich kann man sich aber doch einigen, und der Bau schreitet zügig voran.

Dann gibt es eine weitere Verzögerung: die Turnhalle selbst ist zwar für die Benutzung durch Behinderte geeignet, aber durch ein Versehen wurden die Umkleideräume zunächst nicht behindertengerecht angelegt und müssen deshalb umgebaut werden. Am 14. Oktober ist es dann aber endlich geschafft: die Turnhalle wird eingeweiht.

Turnhalle an der Auweilerstraße festlich eingeweiht

Festlich übergeben wurde am Mittwoch vergangener Woche im Beisein von Vertretern aus Stadt, Elternschaft und Verwaltung die neue Turnhalle der evangelischen Grundschule an der Auweilerstraße durch Bürgermeister Mevis an Schulleiter Dally. An die symbolische Übergabe schloß sich ein Programm sportlicher Darbietungen der Grundschüler auf dem Boden der Halle an, die zu diesem Zeitpunkt schon auf eine sechsjährige Vorgeschichte zurückblicken konnte.

Schon 1975 hatte sich der Schulausschuß auf Antrag der FDP-Fraktion für die Errichtung der Turnhalle ausgesprochen. Anfang 1976 bildete sich eine Elterninitiative, die sich mit Unterschriftenaktionen nachdrücklich für den Bau der Halle stark machte.

Da sich der Grundstückserwerb gestaltete und insbesondere aus Finanzierungsgründen konnte der Rat erst in seiner Sitzung am 3.10.1978 beschließen, die Mittel für den Bau der Halle ab dem Haushaltsjahr 1979 bereitzustellen.

Mit Bescheid vom 29.11.1979 wurden die beantragten Landesmittel bewilligt, die sich auf insgesamt 659.400,— DM das sind 70 % der förderungsfähigen Gesamtkosten in Höhe von 942.000,— DM, beliefen.

Im einzelnen betragen die förderungsfähigen Baukosten 856.000,— DM und die förderungsfähigen Einrichtungskosten 86.000,— DM.Die Gesamtbaukosten beliefen sich auf 924.000,— DM.

Im Herbst 1980 konnte die Firma GKB Generalkontraktbau, Wuppertal, mit dem Bau der Halle beginnen. Mit der Einrichtung der Halle wurde die Firma Turnmeyer, Hagen, beauftragt.

Auf Antrag der Tanzsportabteilung des PSC beschloß der Rat in seiner Sitzung am 31.3.1981, die Halle nicht - wie ursprünglich geplant - mit PVC-Fußboden, sondern mit Parkettboden auszustatten.

Die Fundamente und die Bodenplatten sind aus Fertigbeton, die Außenwände bestehen aus Stahlbetonfertigteilen. Die Halle ist ballwurfsicheren, abgehängten Decken, Prallschutzwänden und Reglitverglasung an den Längsseiten ausgestattet.

Die bebaute Fläche beträgt 698 qm, der umbaute Raum umfaßt 3852 Kubikmeter. Von den 655 qm Nutzfläche entfallen 405 qm auf die Halle, 217 qm auf die Nebenräume und 33 qm auf die Flure.

Die Turnhalle Auweilerstraße ist die erste behindertengerecht ausgestattete Turnhalle in Pulheim. Im Eingangsbereich befindet sich eine Rampe für Rollstuhlfahrer. Die Türen haben eine für Rollstuhlfahrer ausreichende Breite. Der Toilettenbereich kann mit dem Rollstuhl befahren werden und ist mit Spezialsicherheitsgriffen neben den Toiletten und Waschbecken sowie mit weiteren Haltegriffen ausgestattet. Der Duschbereich verfügt über rutschsichere Haltegriffe. Jede Dusche ist außerdem mit einem Einschwenkduschsitz und einem Klappduschsitz ausgestattet. Die Umkleideräume sind so eingerichtet, daß Rollstuhlbenutzer und Beinamputierte genügend Raum zum An- und Auskleiden vorfinden. Die Behindertensportabteilung des PSC wird die Halle mit zusätzlichen, speziell für den Behindertensport geeigneten Geräten ausstatten.

Rektor Dally bekommt von Bürgermeister Mevis den Schlüssel

Mitteilungsblatt der Gemeinde
23.10.1981

Die Schülerinnen und Schüler der vierten Schuljahre zeigten während der Einweihungsfeierlichkeiten ein buntes Programm interessanter Turnübungen. Zusammen mit ihren Sportlehrern demonstrierten sie, was in der neuen Halle alles möglich ist.
STADTBLATT-Foto: Schröder

Erste Turnhalle für Behinderte

PULHEIM. (pba) Jahrelang haben die Schüler und Lehrer der Dietrich-Bonhoeffer-Schule an der Auweiler Straße auf diesen Tag warten müssen. In der vergangenen Woche war es endlich soweit. »Ihre« Turnhalle wurde fertiggestellt und offiziell eingeweiht.

»Mit dieser Halle wird uns die Arbeit in der Schule erheblich erleichtert«, betonte Schulleiter Alfred Dally. »Endlich müssen wir nicht mehr auf verspätete Busse warten, die uns in andere Hallen transportieren sollen.« Die Baukosten zu dieser ersten behindertengerechten Turnhalle im Stadtgebiet betrugen über 900.000 Mark, von denen das Land allerdings 65 Prozent übernahm. Fast 30.000 Mark Mehrkosten fielen an, weil die fast fertiggestellten Umkleideräume wieder umgebaut werden mußten. Dem entsprechenden Ausschuß war erst während der Baumaßnahmen eingefallen, daß die Stadt Pulheim wenigstens eine behindertengerechte Einrichtung haben müßte. Zusätzliche Kosten verursachte auch der von Tanzsportlern beantragte Parkettfußboden. Um den Bodenbelag hatte es lange Auseinandersetzungen gegeben. Er sei für den Schulsport zu glatt, meinten einige Lehrer. »Die Wogen werden sich glätten; der Fußboden auch«, gemerkte Alfred Dally ironisch.

Trotzdem: Schulen und Vereine können sich freuen, haben sie doch jetzt eine weitere moderne und funktionsgerechte Halle zur Verfügung.

Pulheimer Stadtblatt 21.10.1981

Erste behinderten-gerechte Turnhalle

Pulheim (BW). Vergangenen Mittwoch übergab Bürgermeister Willy Mevis die Turnhalle der Evangelischen Grundschule an der Auweiler Straße seiner Bestimmung.

Diese Turnhalle ist jedoch keine der üblichen Schulsportstätten. Sie besitzt zwei Besonderheiten. Auf Antrag der Tanzsportabteilung des Pulheimer Sport-Clubs entschloß man sich, den Boden nicht, wie üblich, mit PVC-Belag zu versehen, sondern mit Parkett.

Die zweite Besonderheit der Turnhalle ist ihre behinderten-gerechte Ausstattung. Für Rollstuhlfahrer befindet sich neben dem Eingang eine Rampe, die Türen sind in entsprechender Breite. Spezialsicherheitsgriffe neben den Toiletten und den Waschbecken sowie Klapp- und Einschwenksitze in den Duschen machen Körperbehinderten das An- und Auskleiden problemloser.

Nach der Ansprache des Bürgermeisters Willy Mevis übergab dieser die Turnhalle symbolisch an den Schulleiter Alfred Dally. Schüler der Grundschule zeigten anschließend ihr sportliches und tänzerisches Können.

Pulheimer
Wochenende
7.10.1981

Gekonnt und lässig führten die Jungen und Mädchen ihre Musikschau auf.
Foto: B. Woywoo

Im Sport kommen die Kinder ganz groß raus

Der Schulsport erlangte im Laufe der Jahre zunehmend mehr Bedeutung und wurde stärker in den Lehrplan einbezogen. Die ersten Sportfeste, an denen die Kinder der evangelischen Schule teilnehmen konnten, waren aus verschiedenen Gründen wegen der zahlenmäßig geringen Beteiligung nicht sehr erfolgreich. Das ändert sich aber mit den Jahren sehr, nicht zuletzt durch den Bau einer schuleigenen Turnhalle und die Einführung eines regelmäßigen Schwimmunterrichts.

Das erste Sportfest für alle Schulen des Erftkreises findet schon bald nach der Gründung der evangelischen Volksschule statt: das Kreissportfest im Juli 1949. Für viele Familien sind die Fahrtkosten zu hoch, so dass nur wenige Kinder teilnehmen können.
Auch die Sportwoche anlässlich der Einweihung des Sport- und Erholungszentrums Pulheim im Sommer 1967 kann nur von wenigen Kindern besucht werden. Ironisch schreibt Rektor Fehling dazu in die Schulchronik:

> *„Anlässlich der Einweihung des Sport- und Erholungszentrums fand eine Sportwoche statt. Klugerweise war die Woche so gelegt worden, dass sie in die Ferien fiel. Die Beteiligung war schwach, die Mitarbeit der Schulen wirkte krampfhaft. Wie sollte das auch anders gehen, wenn Lehrer und Kinder in die Ferien gefahren sind."*

Das jährliche Schwimmfest wird 1975 ins Leben gerufen

1969 wird für das 2. Schuljahr ein wöchentlicher Schwimmunterricht mit Herrn Griese und Herrn Föll als Schwimmlehrer eingeführt. Das Gartenhallenbad in Pulheim wird erst im Mai 1971 eröffnet; bis dahin werden die Schwimmstunden in den Schwimmbädern der Umgebung (Dormagen und Niederaußem) abgehalten.

Die Kinder können im Rahmen der Schulschwimmstunden ihren Schwimmschein erringen. Weil das Schwimmen allen Kindern und Lehrern viel Spaß macht, hat Herr Dally im Frühling 1975 eine neue Idee: er veranstaltet ein Schwimmfest. Damit ist die Dietrich-Bonhoeffer-Schule die erste Pulheimer Grundschule, die im Rahmen der Bundesjugendspiele ein Schwimmfest durchführt. Die erfolgreichsten Schwimmer der Veranstaltung werden von Herrn Dally mit einer *„Fahrt ganz weit ans Wasser, nach Stommeln"* belohnt.
Eine Schülerin der Dietrich-Bonhoeffer-Schule wird sogar Meisterin bei den Kreismeisterschaften.

Weil das Schwimmfest allgemein so gut aufgenommen wurde, nehmen die anderen Pulheimer Grundschulen im nächsten Jahr auch teil: im Sommer 1976 findet im Freibad in Stommeln ein Schwimmvergleichswettkampf statt. Als erfahrener Ausrichter einer solchen Veranstaltung wird die evangelische Grundschule mit der Organisation beauftragt; Herr Frick bereitet mit Freude und Sorgfalt alles vor.

> *„Herr Frick verdient ein besonderes Lob! Ebenso viele Eltern, die uns bei der Ausrichtung von Festen immer sehr helfen!"*

Schüler für gute Leistungen belohnt

Vor den Ferien Schwimmschein überreicht

Pulheim (hok) — Ein Zeugnis bekamen sie nicht, wohl aber eine Auszeichnung für gute Leistungen: Rektor Alfred Dally von der Dietrich-Bonhoeffer-Schule überreichte am letzten Schultag vor den Osterferien 14 Kindern des dritten und vierten Schuljahres den Jugendschwimmschein.

Nicht nur Schwimmer wissen, daß auch in dieser Sportart vor den Preis der Fleiß gesetzt ist. Viele Stunden übten die Jungen und Mädchen, um die verschiedenen Übungen zu erfüllen. Sie mußten nicht nur in verschiedenen Lagen schwimmen, sondern auch tauchen und einen Mutsprung wagen. Über eine Strecke von 30 Metern mußte ein gleichschwerer Partner abgeschleppt werden. Schließlich gehören auch die Kenntnisse der Baderegeln und die Selbsthilfe bei Gefahren zum umfangreichen Prüfungskatalog.

Nach den Osterferien geht das Üben weiter. Einige Jungen und Mädchen, die noch nicht den begehrten Schein erhielten, müssen noch die Bedingungen des Zeitschwimmens erfüllen. Die Helfer und Betreuer der Schwimmabteilung des Pulheimer Sportklubs und der Bademeister des Pulheimer Hallenbades leisteten bei der Ausbildung wertvolle Schützenhilfe.

Schulleiter Dally verteilte die ersten Schwimmscheine an Helga Busse, Martina Eichner, Klaus Fiegle, Guido Fischer, Georg Fleischer, Lutz Fleischer, Heike Klaus, Michael Kraus, Jutta Liedtke, Roland Mönke, Andres Schrädter, Jörg Sebastian, Heike Telocka und Martin Wendt.

Einen besonderen Glückwunsch bekam Nena Crnjak. Nicht für den Jugendschwimmschein, den sie schon lange besitzt, sondern für ihre Erfolge bei den Kreismeisterschaften. Nena wurde in allen Schwimmarten ihrer Altersklasse Meisterin.

Kölner Stadtanzeiger 27.3.1975

Herr Dally und Herr Frick
im Schwimmbad

An die Schwimmstunden bei Herrn Frick können sich viele ehemalige Schüler noch gut erinnern: Herr Frick ist vielen als zwar strenger, aber guter Lehrer im Gedächtnis geblieben. Wenn er auch seinen Schülern einiges abverlangte, durften sie ihn nach „getaner Arbeit" ins Wasser werfen!

Das von nun an jährlich abgehaltene Schwimmfest findet auch in den Zeitungen ein positives Echo. Stellvertretend für die ganzen Jahre sollen hier nur einige Veranstaltungen herausgegriffen werden:

„Auch das 3. Schwimmfest am Dienstag, dem 15. März 1977 war ein großer Erfolg. Die jahrelangen Bemühungen im Schwimmunterricht zahlten sich aus. Viele Kinder überraschten Eltern und Lehrer durch gute Ergebnisse. Die Schule wurde beim Schwimmunterricht und besonders beim Schwimmfest von den Damen des PSC und den Eltern, die immer während der Schwimmstunden helfen, sehr unterstützt. Ihnen ein besonders herzliches Dankeschön! Zu danken ist auch den anderen Schulen, die an diesem Tag auf ihre Schwimmstunden verzichtet haben, sowie auf die freundliche Unterstützung der Schwimmmeister und ihrer Helferinnen. Die 1. Schuljahre hatten die 1. Schwimmstunde im Lehrbecken, während die 2. Schuljahre bereits ihre Leistungen im Schwimmerbecken zeigen konnten. Die Kinder der 3. und 4. Schuljahre traten zum fröhlichen Wettkampf an. Sie wurden am Freitag mit Urkunden und kleinen Geschenken für ihre Leistungen geehrt."

Dietrich Bonhoeffer Schule

Pulheimer Stadtblatt v. 22.3.83

Schwimmfest mit tollen Leistungen

PULHEIM. (sb) Zum siebten Male wurde im Rahmen der Bundesjugendspiele das diesjährige Schwimmfest durchgeführt. Den begehrten Ehren- und Siegerurkunden ging der Erwerb

des Frühschwimmerzeugnisses und des Jugendschwimmpasses in den vorangegangenen Schwimmunterrichtsstunden voraus. Die ersten Schuljahre und die Kinder der Vorschule hatten ihre erste fröhliche Schwimmstunde im Lehrbecken, während die 2. bis 4. Schuljahre ihre Leistungen in einem Dreikampf im Schwimmbecken zeigen konnten. Die Schule wurde in ihren Bemühungen beim Schwimmunterricht und bei der Durchführung des Schwimmfestes durch viele Eltern unterstützt. Es waren auch einige dabei, die schon keine Kinder mehr an der Schule haben! Viele Kinder überraschten Eltern und Lehrer mit guten Ergebnissen.

Ehrenurkunden erhielten: Antje Grünewald, Kerstin Eigenfeld, Stefan Günther, Konrad Haunit, Tina Wonnenberg, Uta Korth, Monika Arnez, Sascha Becker, Andres Schug, Sandra Fahlenburg, Silke Fischer, Ingo Herrmann, Dirk Berlin, Oliver Blechschmidt, Torsten Blens, Heiko Engstenberg, Andre Strathmann, Oliver Solms, Philipp Kreilein, Heiko Heidusch, Katja Schulz, Kai Rodenbusch, Yener Kilic, Alexander Lutz, Stephanie Tiffe, Rolf Kreilein, Tanja Abeln, Melanie Witzke, Tina Schulz, Andrea Kaczmarek, Anke Bochow, Jörg Mann, Christian von Rieff, Christiane Ditterich, Harald Jansen, Ester Höhle, Stefanie Taiber, Heike Rapp, Sabine Mau, Sonja Stiffel, Harald Gerstl, Silke Starke, Swantje Kaposty, Silke Wolf, Wolfgang Heinrich, Petra Winterfeldt, Patrick Ludwig, Corona Becker, Michaela Reh, Christian Engelhardt, Jens Grünewald, Osman Keskon, Michaela Huthmacher, Günther Becker, Michael Weiß.

Obwohl in der Presse und im Fernsehen Schulsport oft nur unter dem Aspekt Schulsportmisere abgehandelt wird, möchten wir hier auf einige Bemühungen zur Verbesserung des Schulsportes hinweisen. Neben der Ausrichtung eines Schlagballturniers für alle Pulheimer Grundschulen im Pulheimer Sportzentrum, das von der Kath. Grundschule Bachstraße vorbereitet wird, steht für den 12.7.1976 ein Schwimmvergleichswettkampf für alle Pulheimer Grundschulen im Freibad in Stommeln auf dem Programm. Die Dietrich-Bonhoeffer-Schule in Pulheim, die bereits Erfahrung mit der Ausrichtung von Schwimmfesten hat, ist mit der Organisation des Festes vom Schulamt beauftragt worden.

Die Ausschreibungen sind bereits an alle Grundschulen der Gemeinde Pulheim ergangen. Sie enthalten jedoch einige Fehler und Unklarheiten, die hier berichtigt werden sollen:

1. Das Schwimmfest findet am 12.7.1976 von 8.00 bis 12.00 Uhr im Freibad Stommeln statt und nicht wie in der Ausschreibung angegeben, im Pulheimer Hallenbad.
2. Die Einzelwettkämpfe finden in den verschiedenen Altersklassen (Geburtsjahrgängen), getrennt nach Jungen und Mädchen, im Brust-, Kraul- und Rückenschwimmen statt.
3. Die Staffelwettkämpfe werden jeweils von 6 Mädchen nd 6 Jungen einer Schule in den genannten Altersklassen (Geburtsjahrgängen) bestritten. Es kann in beliebiger Schwimmart geschwommen werden.
4. Nach der bisherigen Ausschreibung ist die Teilnehmerzahl nach Altersklassen und Schwimmarten grundsätzlich unbegrenzt.

Da jedoch bisher keine Erfahrungswerte über die Teilnahme vorliegen, stehen die Organisatoren vor der Aufgabe, bei Massenmeldungen der Schulen die Zahl der Teilnehmer einschränken zu müssen. Dies soll jedoch erst dann geschehen, wenn ein Überblick über die Anzahl der Teilnehmer vorliegt.

Kinder hatten Spaß am Schwimmwettbewerb

Die stolzen Sieger stellten sich nach dem Schwimmwettkampf dem Fotografen.

PULHEIM. (sb) Anfang April veranstaltete die Dietrich-Bonhoeffer-Schule ihre diesjährigen Bundesjugendspiele im Schwimmen.

In einem Dreikampf konnten maximal 45 Punkte erreicht werden. Aus einem Angebot von elf Übungen in vier Aufgabenbereichen konnte jeder Teilnehmer drei Übungen auswählen und seine persönlichen Fähigkeiten unter Beweis stellen. Aus jedem Bereich konnte jedoch nur eine Übung gewählt werden, so daß neben Tauch- und Sprungübungen mindestens eine Schwimmleistung erbracht werden mußte. In den Schwimmstunden zuvor war schon fleißig geübt worden, und jeder wußte, welche Übung ihm die höchste Punktzahl einbrachte. Als besonders punkteträchtig zeigte sich das 50 Meter Flossenschwimmen. Dies ist wohl darauf zurückzuführen, daß das Schwimmenlernen in der Schule stark auf die Methode von Gerhard Hetz ausgerichtet ist, in der die Schwimmflossen als aktive Hilfsmittel eine bedeutende Rolle spielen. Leider konnten relativ viele Kinder wegen Grippe und anderer Infekte nicht am Wettkampf teilnehmen.

Besonderer Dank gilt all den Müttern, die so tatkräftig mitgeholfen haben zu ordnen, zu messen, zu stoppen oder was auch immer. Herr Bullmann und Herr Klems hatten das Schwimmbad wettkampfmäßig hergerichtet.

Erstmalig konnten auch die Erstkläßler aus einem Angebot von 35 Übungen aus dem Schwimmlernprogramm auswählen und ausführen, um dann die begehrte Siegerurkunde zu erhalten. In den zweiten bis vierten Schuljahren erreichten 76 Kinder eine Punktzahl von 22 bis 38 und erhielten eine Siegerurkunde. 55 Kinder erreichten eine Punktzahl von 39 bis 45 und erhielten eine Ehrenurkunde. Die meisten Punkte, nämlich 45, erreichten: Tim Siebert, Christian Dittkrist, Natascha König, Antje Grünewald, Tina Wonnenberg, Dirk Berlin, Hans-Oliver Ende und Sascha Somogyi.

Pulheimer Stadtblatt
15.4.1984

Seit zehn Jahren Bundesjugendspiele im Schwimmen

PULHEIM. (rb) Vor genau zehn Jahren wurden in der Dietrich-Bonhoeffer-Schule in Pulheim zum ersten Mal die Bundesjugendspiele im Schwimmen ausgetragen.

Es war also schon ein kleines Jubiläum, als am letzten Schultag vor den Osterferien wieder 62 Schüler aus der Hand ihres Schulleiters die vom Bundespräsidenten unterzeichnete Urkunde in Empfang nahmen.

Sechs von ihnen erreichten die maximal mögliche Punktzahl: (V.l.n.r.) Markus Orth, Oliver Ende, Pamlea Winkler, Dirk Berlin und Sascha Somogyi strahlen in die Kamera. Auf dem STADTBLATT-Foto fehlt der sechste Erfolgreiche, Tim Siebert.

Foto: Burdy

oben: Pulheimer Stadtblatt 26.3.1985

Rechts: Pulheimer Wochenende 27.3.1985

Schwimmen

Bei den Deutschen Jahrgangsmeisterschaften über lange Strecken in Bochum belegte Petra Wirtz (Jg. 1970) vom Schwimmclub Hürth über 800-Meter-Freistil den 10. Platz. Ingo Giese (Jg. 1969) belegte über 1500 Meter den 12. Platz. An der Veranstaltung nahmen 92 Vereine aus dem gesamten Bundesgebiet teil.

Schon vor genau 10 Jahren - im Jahre 1975 - gab es das 1. Schulschwimmfest in der Pulheimer Schule Auweilerstraße. So gesehen waren also die Schwimmwettkämpfe am 20. März ein richtiges Jubiläum, und genau wie damals wurden am letzten Schultag vor den Osterferien die begehrten Ehren- und Siegerurkunden ausgegeben.

Wie in den vorhergehenden Jahren wurden dem Aufruf des Bundesministers für Jugend, Familie und Gesundheit folgend, die Bundesjugendspiele im Schwimmen nach der offiziellen Ausschreibung durchgeführt. In einem Dreikampf konnten maximal 45 Punkte erreicht werden. Aus einem Angebot von 11 Übungen, die in 4 Bereiche aufgeteilt waren, konnte jeder Teilnehmer 3 Übungen auswählen. Aus jedem Bereich jedoch nur eine, so daß neben Tauch- und Sprungübungen zumindest ein Schwimmstil gezeigt werden mußte. Es zeigte sich, daß einige Übungen besonders punkteträchtig waren. In den Stilarten gelang es nur einigen wenigen Stilisten, die höchste Punktzahl zu erreichen. Im 50-m-Flossenschwimmen dagegen erreichten sehr viele Teilnehmer die Höchstpunktzahl. Dies läßt sich sicher auf die Einführung des Schwimmens mit Schwimmflossen zurückführen. Einigen gelang es auch, bei den Tauchübungen und Wassersprüngen den Höchstwert zu erreichen. Besonders genannt seien hier die Teilnehmer, die in allen von ihnen gewählten Übungen die Höchstwertung, also 45 Punkte, erzielten. Alle Teilnehmer mit 39 Punkten und mehr erhielten am letzten Schultag vor den Osterferien die vom Bundespräsidenten unterzeichnete Ehrenurkunde.

Die Höchstwertungen erreichten Dirk Berlin, Pamela Winkler, Markus Orth, Oliver Ende, Sascha Somogyi und Tim Siebert.

Junge Wasserratten

Pulheim. Mächtig was los war beim diesjährigen Schwimmfest der Dietrich-Bonhoeffer-Schule. So hatten nicht nur die Verantwortlichen aus dem Lehrkörper jede Menge Arbeit, sondern auch viele Väter und Mütter hinter den Kulisse alle Hände voll zu tun. Aus den verschiedenen Disziplinen mußten such die Schülerinnen und Schüler der dritten Klassen jeweils drei Übungen aussuchen. Neben dem eigentlichen Schwimmen standen auch Tauchen und Turmspringen auf dem Programm. Am Ende gab es für 55 Kinder eine Siegerurkunde, immerhin 19 erhielten sogar ein Ehrenurkunde (Foto).

Pulheimer Wochenende 8.4.1998

Frau Kremp mit ihrer 1. Klasse 1986

Frau Maas 1986

✳ QUALITÄT & FRISCHE ✳
Die Metzgerei in Pulheim!
Herbert Beuth
Auf dem Driesch 46 · 50259 Pulheim
Telefon (0 22 38) 5 82 09
„ Fleisch-, Wurst- und
Käse-Spezialitäten "

Die Klasse von Frau Domma 1986

Frau Pape 1988

Der Förderverein wird 1990 gegründet

Seit Mai 1990 gibt es an unserer Schule einen Förderverein. Mit den regelmäßigen Beiträgen der Vereinsmitglieder sowie einigen Spenden kam in den vergangenen 10 Jahren eine stolze Summe zusammen – um die 70 000 DM –, die für die unterschiedlichsten Anschaffungen verwendet wurde.

Um nur einige Dinge aufzuzählen: der Förderverein ermöglichte den Kauf von Musikinstrumenten, Arbeitsmaterial, CD-Player, Videorekorder, Laminiergerät, Schüler-computern, Software (Lernprogramme), Lichtanlage, Pausenbänken, Tennisaußenplatten, Pausenspielgeräten, außerdem finanzierte er unter anderem Autorenlesungen und die Musikkapelle für den Martinszug.

Die finanzielle Unterstützung der Schule ist aber nur ein Teil dessen, was sich der Förderverein zur Aufgabe gestellt hat. Auch die aktive Mithilfe, beispielsweise die Planung und Mitorganisation bei den verschiedenen schulischen und außerschulischen Veranstaltungen zeichnet unseren Förderverein aus. Der Vorstand schafft es immer wieder, zum Beispiel für die Schulfeste jede Menge fleißige Eltern für die Betreuung von Essens- , Getränke- und Spieleständen zusammenzutrommeln.

Denn auch ein Lehrertag hat nur 24 Stunden. Lehrer können nicht alles alleine schaffen, besonders wenn sie den Kindern nicht „nur" den Standardunterricht, sondern darüber hinaus Ausflüge, Feste, Besichtigungen, Projekttage, Autorenlesungen und dergleichen mehr bieten möchten. Deshalb sind immer wieder die Eltern gefragt. Sie stehen in unserer Schule nicht im Hintergrund, sondern sie können über die Mitorganisation und Mithilfe bei den verschiedensten Aktivitäten das Schulleben entscheidend mitgestalten.

Gründung des Fördervereins im Mai 1990
Rechts: Rektor Dally

40jähr. Jubiläum Juni 2000 im Köstersaal
Foto: A. Salitz-Schatten

Projekttag „Sinish" 1999 in der Turnhalle
Foto: G. Kühn

Auch Väter helfen gern!
(40jähriges Jubiläum Juni 2000 im Köstersaal)
Foto: A.Salitz-Schatten

Fleißige „Spülhände" (Sommerfest 1999)

Auch bei den Feiern zur Einschulung hilft der Förderverein mit: wenn die Kinder mit ihren Lehrern und Mitschülern nach der Einschulungsfeier in ihre Klassenzimmer gegangen sind, treffen sich die Angehörigen auf dem Schulhof zum gemütlichen Plaudern und Kennenlernen. Der Förderverein sorgt mit Getränken für das leibliche Wohl.

Eltern helfen aber auch unabhängig vom Förderverein gerne mit. Als 1998 einer der Pavillons renoviert werden muss, erklären sich eine Menge Eltern bereit, mit anzupacken. Die Farbe wird von der Stadt bezahlt, die Arbeit an einem sonnigen Sommersamstag von Eltern und Lehrern gemeinsam geleistet. Als „Belohnung" gibt es ein reichhaltiges Grillbuffet, in der Zwischenzeit von emsigen Eltern herbeigezaubert.

Anstreichen im Pavillon am 26.9.1998 (Foto: G. Kühn)

Die 1. Klasse von Herrn Frick 1990

Frau Rosenberger mit ihrer 1. Klasse 1992

Frau Maas 1992

Das Fachgeschäft für Kinderschuhe
Qualität und Fachberatung

Frau Voß 1992

Frau Volmer 1992

Frau Reuter und ihre 1. Klasse 1992

Das 1. Schuljahr mit Herrn Dally 1994

Die Betreuende Grundschule wird eingerichtet

Um eine Betreuungsmöglichkeit für Kinder berufstätiger beziehungsweise alleinerziehender Eltern zu schaffen, planen einige engagierte Eltern unserer Schule 1993 die Gründung einer entsprechenden Einrichtung. Rektor Dally unterstützt die Initiative und stellt einen Raum zur Verfügung. Aber bis es so weit ist, vergehen doch noch einige Monate. Zahlreiche Zeitungsartikel aus der Gründungszeit dokumentieren die Schwierigkeiten bei der Umsetzung eines Plans in die Wirklichkeit.

Schulkinder sollen bald betreut werden

Pulheim (rp). Eltern von Schülern der Dietrich-Bonhoeffer-Schule, Auweiler Straße, wollen eine »Betreuende Grundschule« zum Schulbeginn 1993 einrichten.

Ein eigens gegründeter Verein hatte vor kurzem seine Gründungsversammlung. Die Satzung wurde einstimmig angenommen. Vereinsmitglieder gibt es zur Zeit 23. In den Vorstand wurde gewählt: Dorothee Moritz (1. Vorsitzende), Ines Kuhlen und Reinhold Klas.

Ziel des Vereins ist die Betreuung von Grundschulkindern außerhalb der regulären Unterrichtszeiten. Die Betreuung soll von 7.30 Uhr bis 9 Uhr und von 11 Uhr bis 14 Uhr durch eine pädagogische Fachkraft im sogenannten Pavillon der Schule erfolgen. Die Schulleitung unterstützt dieses Projekt, indem sie die Räume zur Verfügung stellt. Immer mehr berufstätige Eltern und Alleinerziehende stehen vor dem Problem »wohin mit meinem Kind vor oder nach dem Unterricht«? Die unregelmäßigen Unterrichtszeiten in den ersten Schuljahren (mal beginnt die Schule um 9 Uhr, mal Schulschluß um 11 Uhr) lassen keine geregelte Berufstätigkeit zu. Das Angebot an Hortplätzen kann den Bedarf bei weitem nicht decken.

Solange die Kinder einen Kindergarten besuchten, wußten die Eltern, von 8 Uhr bis 12 Uhr ist mein Kind betreut. Mit Beginn der Einschulung fangen die Probleme an. Die Kinder streunen auf der Straße herum, werden zum Arbeitsplatz (der Mutter) zitiert oder verbringen die Zeit vom Unterrichtsende bis zum frühen Nachmittag bei einer hilfsbereiten Nachbarin oder anderen Mutter. Alles Notlösungen die weder der Entwicklung des Kindes, gerade am Anfang seiner Schullaufbahn nicht förderlich sind, noch den Eltern ein beruhigtes Gewissen verschaffen. Die Zahl der verbindlich angemeldeten Kinder beträgt zur Zeit 19. Davon sind 4 Geschwisterkinder mit dabei. Aus sozialen Gründen sollen Geschwisterkinder die Einrichtung zum reduzierten Betrag (bis zu 50 %) besuchen können.

»Die Einrichtung einer betreuenden Grundschule kann den Bedarf an Hortplätzen für unsere Schule weitgehend decken«, meint Dorothee Moritz. Zur nächsten Ratssitzung liegt dem Rat der Stadt Pulheim ein Antrag auf Bezuschussung vor. Allein durch Elternbeiträge kann die Betreuung nicht finanziert werden. Die monatlichen Beiträge müßten so hoch angesetzt werden, daß einige Eltern ihre Anmeldung zurückziehen müßten, was ein »Aus« für den Verein bedeuten könnte.

Für Spenden ist der Verein dankbar. Interessierte, engagierte Betreuer können sich noch melden unter Telefon 0 22 38 / 5 15 15 oder 0 22 38 / 8 11 67.

Pulheimer Wochenende Mai 1993

Ohne Zuschuß droht das »Aus«

Einrichtung der »Betreuenden Grundschule« von 7.30 bis 14 Uhr hängt von städtischen Mitteln ab - Eltern wollen Klarheit

PULHEIM. (ne) Für Pänz, deren Eltern berufstätig sind, hört die Schule womöglich demnächst erst um 14 Uhr auf. Das hängt vom Projekt »Betreuende Grundschule« ab, das nach den Sommerferien an der evangelischen Grundschule in der Auweiler Straße gestartet werden soll. Von 7.30 bis 9 Uhr und von 11 bis 14 Uhr, also vor und nach dem Unterricht, ist die pädagogische Betreuung der I-Dötzchen gewährleistet - Erleichterung macht sich bei vielen berufstätigen Eltern breit. Wenn da nicht noch das »liebe Geld« wäre. Noch vor den Sommerferien muß der Stadtrat entscheiden, ob die Initiative bezuschußt werden kann oder nicht.

Im Rahmen des Haushaltsplanberatungen im letzten Herbst wurde schon einmal über das Konzept »Betreuende Grundschule« debattiert. Das Jugendamt frägte alle Grundschulen im Stadtgebiet, ob ein Interesse am Projekt bestünde. Der Großteil der Schulleiter und Elternvertreter zeigte sich angetan. Anders in der Politik: Nur SPD und Grüne sprachen sich dafür aus, 50.000 Mark für die Aktion zur Verfügung zu stellen. Mit den Stimmen von CDU, FDP und Bürgerverein wurde der Topf auf 10.000 Mark begrenzt - und reglementiert. Denn das Geld darf nur zur Unterstützung sozialschwacher Familien im Rahmen der »Betreuenden Grundschule« eingesetzt werden.

Kosten pro Monat: 200 Mark

Nach Meinung der Initiative an der Dietrich-Bonhoeffer-Schule sollte die Stadt zumindest 50 Prozent der monatlichen Be-

triebskosten tragen. Vorsitzende Dorothee Moritz rechnet damit, daß pro Monat 180 bis 200 Mark für die Betreuung eines ABC-Schützen veranschlagt werden müssen. »Das ist zuviel. Die Schmerzgrenze liegt bei 100 Mark.« Indes: »Wenn der Rat uns nicht unterstützen will, müssen die Eltern bereit sein, die 200 Mark zu bezahlen.«

19 Kinder wurden bereits verbindlich angemeldet, darunter vier Geschwisterkinder. Laut Angaben der Initiative »kann die Einrichtung der betreuenden Grundschule den Bedarf an Hortplätzen für unsere Schule weitgehend decken.«

Nach den Sommerferien soll es losgehen. Um konkret planen zu können, will der Elternverein aber Sicherheiten. Und das möglichst bald. Denn noch ist keine pädagogische Fachkraft eingestellt, nur die Räume im Schulgebäu-

de sind fest gebucht.

Schulleiter Alfred Dally hält viel vom Projekt seiner Schuleltern: »Das ist eine große Bereicherung für unseren Schulalltag.« Seiner Meinung nach reichten die Hortplätze zur Zeit noch nicht aus. Vereinzelt werden zur Zeit schon Schüler, die nicht nach Hause gehen können, in der Schule behalten. Deshalb will Dally entgegen anders lautender Gerüchte »das Projekt von ganzem Herzen unterstützen.« Er will allerdings nicht, daß Eltern die Anmeldung ihrer Kinder von der Einrichtung einer »betreuenden Grundschule« abhängig machen.

Im Jugendamt ist der Antrag der Pulheimer Eltern bislang der einzige. An der Grundschule in Sinthern, der Richezaschule Brauweiler und der Grundschule Escher Straße wird zur Zeit noch überlegt.

Nicht alle ABC-Schützen können nach der Schule gleich nach Hause laufen. Die »betreuende Grundschule« bietet die Möglichkeit, bis 14 Uhr unter pädagogischer Aufsicht in der Schule zu bleiben. Eltern wollen eine solche Initiative an der evangelischen Dietrich-Bonhoeffer-Grundschule in der Auweiler Straße ins Leben rufen.

Foto: Neß

Stadtblatt Mai 1993)

Eltern fordern Betreuung der Kinder nach dem Unterricht

Noch ist nicht klar, wie das Projekt in Pulheim finanziert wird

Von unserem Redakteur
Horst Krieger

Pulheim — „45 Prozent aller Grundschüler brauchen Betreuung", „Pulheim — kinderfreundliche Stadt?" oder „Kein Geld für Schlüsselkinder" — das waren nur einige der Sätze auf den Transparenten, mit denen sich die Mitglieder des Haupt- und Finanzausschusses zu Beginn ihrer Sitzung im Ratssaal konfrontiert sahen. Eltern — vor allem der evangelischen Grundschule an der Auweiler Straße — hatten mobil gemacht, um auf ihre Wünsche aufmerksam zu machen. Nach den Ferien soll dort das Modell „Betreute Grundschule" anlaufen. Grundschüler werden dann in den unterrichtsfreien Zeiten und über die Mittagszeit hinaus bis 14 Uhr betreut.

Ähnlich soll es an der Gemeinschaftsgrundschule in Brauweiler geschehen. Und die katholische Grundschule an der Escher Straße in Pulheim möchte im kommenden Schuljahr, zunächst für ein Jahr beschränkt, ebenfalls einen Versuch starten. Die Anmeldung ging allerdings so kurzfristig ein, daß sich die Politiker noch kaum mit der Unterlage beschäftigen konnten.

Drei grundverschiedene Versuche mit stark voneinander abweichenden Konzepten verunsicherten einige Politiker. So kam dann auch die Empfehlung, daß sich die drei Träger (Fördervereine oder neu gegründete Vereine) an einen Tisch setzen sollten, um ein gemeinsames Konzept zu erarbeiten.

„Ausbeutung"

Umstritten ist neben der Kostenfrage nach wie vor die Betreuung. Während CDU und FDP — und auch die Grundschule an der Escher Straße — sich durchaus vorstellen können, daß Mütter die Kinder betreuen (gegen einen Stundenlohn von 15 Mark), lehnten das SPD und Grüne energisch ab. Die Rede war sogar von Ausbeutung.

Sprecher der CDU und FDP verwahrten sich darüber hinaus energisch gegen die Unterstellung, sie seien gegen das Modell „Betreute Grundschule". Allerdings müsse man in diesen schwierigen finanziellen Lagen die Verhältnismäßigkeit wahren. Der Stadtrat habe ja schon im vergangenen Jahr bei den Haushaltsberatungen insgesamt 10 000 Mark zur Verfügung gestellt. Die seien für sozial schwache Familien bestimmt. An diesem Vorschlag halte man fest.

Die Grünen forderten — wie schon bei der Haushaltsrede — einen Betrag von 50 000 Mark. Die SPD brachte eine neue Variante ins Spiel: Man wolle jedem Träger bis zu 10 000 Mark zur Verfügung stellen, höchstens aber ein Drittel der jährlichen Betriebskosten. Bei 21 000 Mark wären das natürlich nur 7000 Mark. Damit sei dann auch die Betreuung durch Fachkräfte gewährleistet.

Im Ausschuß setzen sich SPD und Grüne durch. Wie das allerdings in der Ratssitzung aussieht, ist fraglich. Da haben die bürgerlichen Parteien (CDU, FDP und Bürgerverein) nämlich rechnerisch die Mehrheit.

Mit Transparenten waren Eltern und Kinder zur Sitzung des Hauptausschusses gekommen. Sie fordern, daß auch nach dem Unterricht eine Betreuung gesichert ist. (Bild: IG)

Kölner Stadtanzeiger 17.6.1993

Grundschüler werden von acht bis eins betreut

Projekt ist angelaufen – Zulauf größer, als geplant

22 Grundschüler werden in der Grundschule Auweiler Straße auch nach dem Unterricht betreut. Die »Betreuende Grundschule« sorgte vor den Sommerferien für heftige Diskussionen im Stadtrat.
Foto: Neß

PULHEIM.(ne) Dorothee Moritz, Vorsitzende des Elternvereins an der evangelischen Dietrich-Bonhoeffer-Grundschule in der Auweiler Straße, ist zufrieden: »Die Resonanz ist gut.« Nach heftigen Diskussionen im Stadtrat konnte dort nach den Sommerferien das Projekt »Betreuende Grundschule« ins Leben gerufen werden. Der politischen Entscheidung ging eine Umfrage in allen Pulheimer Grundschulen voraus. Drei Einrichtungen wollten die »Betreute Grundschule« schließlich in die Tat umsetzen.

22 Schüler werden in der Auweiler Straße nach Schulschluß bis 13 Uhr von ausgebildeten Erzieherinnen betreut. Spiele, Hausaufgabenhilfe und Freizeitbeschäftigung stehen täglich auf dem Programm. »Es geht recht turbulent zu«, weiß Dorothee Moritz, »in einem Kindergarten wären statt einer schon zwei Fachkräfte eingestellt worden.« Die Elternbeiträge sind individuell nach dem Einkommen gestaffelt.

oben: Stadtblatt 21.9.1993;
unten: Kölner Stadtanzeiger 28.10.1993

Eltern zahlen kräftig zu

Projekt betreuende Grundschule in Pulheim und Brauweiler

Ihnen macht es Spaß: Jungen und Mädchen aus der Grundschule an der Auweiler Straße in Pulheim bei der Einweihungsfeier. (Bild: IG)

Pulheim/Brauweiler — Steckenpferde warteten in der Ecke, auf dem Schulhof standen Spielgeräte bereit. Doch die Gäste der Einweihungsfeier im Pavillon der Grundschule an der Auweiler Straße verzogen sich lieber in die warmen Räume — der Regen ließ zumindest einen Teil des Programms ins Wasser fallen. Zu feiern gab es die „Betreuende Grundschule", ein Angebot von dem die berufstätigen Eltern von 22 Kindern Gebrauch machen.

Unter der Obhut von zwei Betreuerinnen werden die Jungen und Mädchen zwischen 7.30 und 9 Uhr und von 11 bis 14 Uhr versorgt. Auch das Mittagessen gehört zum Angebot. Der Elternverein zahlt nach Angaben der Vorsitzenden Dorothee Moritz im Jahr

36 000 Mark. Davon trägt die Stadt zwanzig Prozent.

Spielgeräte und Einrichtungsgegenstände für den Raum hatten Eltern gespendet. Drei Plätze könnten noch vergeben werden. Dafür müssen die Eltern im Schnitt einen Beitrag von 100 Mark im Monat zahlen — der jedoch ist nach sozialen Gesichtspunkten gestaffelt.

Ob die Stadt den Versuch auch noch im kommenden Jahr in gleicher Höhe fördern kann, ist angesichts der Finanzmisere fraglich. Der Stadtrat will zunächst die Erfahrungsberichte der drei Schulen abwarten, die sich an diesem Modell beteiligen.

In Brauweiler und an der Grundschule Eschstraße in Pulheim gibt es ein anderes Konzept. Dort sind Teilnehmerzahlen, aber auch Gebühren wesentlich niedriger. An der Escher Straße betreuen Mütter die Kinder in der unterrichtsfreien Zeit — ohne dafür Honorar zu erhalten. (hok)

»Betreuende Grundschule e. V.

Auweiler Straße

Die Betreuende Grundschule Dietrich-Bonhoeffer-Schule e. V.« an der Auweiler Straße ist ein anerkannt gemeinnütziger Verein mit dem Ziel, Grundschulkinder der ev. Grundschule Auweiler Straße vor und nach dem Unterricht zu betreuen.

Nach dem Motto »keine Schlüsselkinder mehr!« hat es sich diese private Elterninitiative im Frühjahr zur Aufgabe gemacht, keine Kinder mehr unbeaufsichtigt zu lassen, wenn die Schule noch nicht angefangen hat oder der offizielle Schulunterricht beendet ist. Dies betrifft vor allem Erstkläßler, deren Unterricht am Anfang des Schuljahres drei Schulstunden beträgt, das entspricht gerade zwei vollen Zeitstunden. Welche(r) alleinerziehende(r) berufstätige Mutter oder Vater kann das mit Arbeitszeiten in Einklang bringen? Für Familien, wo Vater und Mutter arbeiten, ein oft unüberwindbares Problem.

Nach der vergleichsweise umfassenden Kindergartenbetreuung kommt für viele Eltern mit dem Schuleintritt das große Betreuungsloch bei absolutem Mangel an Hortplätzen.

Eltern der ev. Grundschule fangen dieses Betreuungsdefizit weitestgehend auf.

Die 22 angemeldeten Kinder werden von 7.30 bis 9 Uhr und von 11 bis 14 Uhr von pädagogisch ausgebildeten Kräften (Erzieherinnen) fachgerecht und sinnvoll in einem Klassenraum der Schule betreut, der in Eigenleistung für unsere Bedürfnisse hergerichtet und ausgestattet wurde. Dies geschieht mit ausdrücklicher Genehmigung seitens der Schulleitung.

Die Finanzierung des Projektes erfolgt zu ca. 80 Prozent aus Elternbeiträgen, die einkommensabhängig gestaffelt sind, und zu 20 Prozent aus Zuschüssen seitens der Stadt.

Wir legen ausdrücklichen Wert darauf, daß unsere Kinder durch eine pädagogische Fachkraft betreut werden. Das verteuert die Angelegenheit zwar, aber wir wollen keine Dumpingpreis-Strategie nach dem Motto, eine Gelegenheitshausfrau und -mutter darf auf 22 Kinder anderer berufstätiger Mütter gleichzeitig Obacht geben, damit »nichts Schlimmes« passiert. Unsere Kinder sollen sich wohl fühlen und nicht bloß verwahrt werden.

Für die Betreuung stehen zwei ausgebildete junge Erzieherinnen mit mehrjähriger Berufspraxis zur Verfügung. Sie erfüllen ihr Amt mit Engagement und zielorientiert und werden uns, sofern die Stadt Pulheim solchen Projekten über das Schuljahr 93/94 hinaus einen Kostenzuschuß gewährt, auch weiterhin zur Verfügung stehen.

Der Verein hat z. Z. 33 Mitglieder, auch Nichtbetroffene sind als passives Vereinsmitglied herzlich willkommen. Sach- und Finanzspenden werden dankend zum Wohle vieler Kinder angenommen (Bankverbindung: KSK Köln, BLZ 370 502 99, Konto 0122002575). Der Vorstand besteht aus drei Mitgliedern, Dorothée Moritz (1. Vorsitzende, Tel. 5 15 15), Ines Kuhlen (2. Vorsitzende, Tel. 8 11 67) und Reinhold Kläs (Kassierer, Tel. 5 00 23), die jederzeit und gerne für Informationen zur Verfügung stehen.

Pulheimer Wochenende 6.10.1993

Nach einem Jahr: Die »Betreuenden Grundschulen« ziehen erste Bilanz

Jährliche Kosten in Höhe von 50.000 Mark müssen aufgebracht werden - Die Eltern-Initiativen hoffen auf weitere Zuschüsse aus der Stadtkasse

PULHEIM.(bö/hp) Es ist schon 13 Uhr, trotzdem herrscht auf dem Pausenhof der Grundschule Auweiler Straße noch großes Getummel. Gerade findet eine Attacke auf die Kletterburg statt, ein mutiger Pedalofahrer kommt vorbeigeschossen, während sich andere Kinder beim Seilchenspringen verheddern. Auch drinnen im Gruppenraum herrscht emsiges Treiben. Ob Tischfußball oder Puppenstube, für alle ist etwas da. Kein Zweifel, in der »Betreuende Grundschule« ist viel los.

Da immer mehr berufstätige Eltern oder alleinerziehende Mütter nicht wissen, wo sie ihre Kinder nach dem Unterricht unterbringen sollen, wurde diese Initiative vor einem Jahr von Dorothee Moritz ins Leben gerufen, um diese Kinder vor und nach den Schulstunden zu betreuen. Bereits nach einem halben Jahr herrschte so großer Andrang, daß eine zweite Kindergruppe eröffnet werden mußte. Heute betreuen vier pädagogische Fachkräfte 38 Kinder zwischen 7.30 Uhr bis 9 Uhr und nachmittags von 11 Uhr bis 14 Uhr. An schulfreien Tagen, wie zum Beispiel Elternsprechtagen, haben die Gruppen durchgehend bis 14 Uhr geöffnet. Die flexiblen Erzieherinnen springen ein, wenn sie gebraucht werden.

Finanziert wird die als gemeinnütziger Verein eingetragene Initiative hauptsächlich von Elternbeiträgen, die je nach Einkommen gestaffelt sind und zwischen 40 Mark und 140 Mark im Monat betragen. Die Gruppe hat im letzten Jahr 7.000 Mark Zuschuß von der Stadt Pulheim erhalten. Der Verein hofft fürs nächste Jahr auf höhere Zuschüsse, da sich die jährlichen Kosten mittlerweile auf 50.000 Mark belaufen. Dorothee Moritz, 1. Vorsitzende: »Man muß sich mal überlegen, wieviel Arbeit wir der Stadt Pulheim abnehmen«. Die Stadt selbst bietet 20 Hortplätze. »Wir sind kein kompletter Hortersatz«,

so Moritz, dennoch biete die »Betreuende Grundschule« vielen berufstätigen Eltern Erleichterung. Aber ganz kann der Bedarf immer noch nicht gedeckt werden, wie die lange Warteliste zeigt.

Da wenig Neuanschaffungen getätigt werden können, sind Spenden in Form von Spielzeug für Grundschulkinder immer willkommen. Sie können im Sektretariat der Grundschule in der Auweiler Straße abgegeben werden.

Dieses Projekt ist nicht das einzige in Pulheim: Auch in der

Grundschule in der Escher Straße werden sieben Kinder täglich von 12 Uhr bis 14 Uhr betreut. Drei Mütter und eine angehende Lehrerin kümmern sich im wöchentlichen Wechsel um die Kinder. Für spezielle Einzelfälle steht den Kindern, die morgens auf ihren Unterrichtsbeginn warten müssen, eine »Anlaufklasse« zur Verfügung. Dort können sich die Kinder solange in der Spielecke beschäftigen. An schulfreien Tagen findet keine Betreuung statt. Unterstützt wird die Gruppe mit 2.000 Mark aus der städtischen Kasse.

Bleiben auch nach dem Unterricht noch in der Grundschule Auweiler Straße: Die 38 I-Dötzchen, die täglich bis 14 Uhr von pädagogischen Fachkräften betreut werden. Foto: Böttcher

Immer mehr Schüler nach dem Unterricht betreut

Ausschuß stockte Zuschuß um 3000 Mark auf — Noch vor dem Sommer sind neue Richtlinien geplant

Pulheim — Die Elterninitiativen „Betreuende Grundschule" sollen in diesem Jahr insgesamt 15 200 Mark erhalten. Die Mitglieder des Jugendhilfeausschusses empfehlen in ihrer jüngsten Sitzung, den im Haushalt ausgewiesenen Betrag von 14 200 um 1000 Mark aufzustocken. Der Haupt- und Finanzausschuß muß der Aufstockung noch im Zuge der Beratungen über den Nachtragshaushalt zustimmen.

Der Gesamtbetrag gliedert sich wie folgt: 2000 Mark erhält die Grundschule Escher Straße in Pulheim, 3300 Mark die Richeza-Schule in Brauweiler und 10 000 Mark die Dietrich-Bonhoeffer-Grundschule Auweiler Straße in Pulheim.

An dieser Einrichtung erhöhte sich die Zahl der vor und nach dem Unterricht betreuten Schüler stark, so daß die Politiker einer Erhöhung um 3000 Mark zustimmten.

Zur Zeit werden an der Auweiler Straße 38, an der Escher Straße sieben und an der Richeza-Schule 27 Kinder betreut.

Unterschiedlich wie diese Zahlen ist auch das pädagogische Konzept. Nach Ansicht der Ausschußmehrheit arbeitet die Einrichtung an der Auweiler Straße mit vier Betreuerinnen — zwei fest angestellte und zwei auf Honorarbasis arbeitende — am überzeugendsten.

Förderbetrag wird sich eventuell erhöhen

Noch vor dem Sommer will der Jugendhilfeausschuß über ein neues Konzept nachdenken. Dabei sollen nicht mehr nur die Zahlen der betreuten Schüler und das pädagogische Konzept berücksichtigt werden, sondern auch das Umfeld der jeweiligen Schulen.

Möglicherweise wird sich der Förderbetrag dabei insgesamt erhöhen. (eb)

Kölner Stadtanzeiger Februar 1995

Elternvereine werden auch 1995 unterstützt

Lob für die Initiativen „Betreuende Grundschule"

Pulheim/Brauweiler — Die Stadt Pulheim will die Elterninitiativen „Betreuende Grundschulen" auch im kommenden Jahr unterstützen. Rund 15 000 Mark sollen dafür zur Verfügung gestellt werden. Wie das Geld auf die drei Initiativen aufgeteilt werden soll, darüber müssen sich die Mitglieder des Schulausschusses noch einmal Gedanken machen. Das Geld soll im Rahmen des Nachtragshaushalts ausgewiesen werden.

Ein Vergleich zwischen den Initiativen an der Dietrich-Bonhoeffer-Schule, der „Schule am Wäldchen", beide Pulheim, und der Richeza-Schule in Brauweiler ist nur schwer möglich, weil sich die Konzepte erheblich unterscheiden. So werden an einer Schule Eltern bei der Betreuung eingesetzt, an einer anderen ausgebildete Erzieherinnen. Auch die Betreuungszeiten sind nicht gleich, Schüler an der Grundschule Escher Straße in Pulheim werden nur von 10 bis 12 Uhr betreut. Die Stadtverwaltung, das wurde in der Sitzung des Haupt- und Finanzausschusses deutlich, begrüßt das Angebot. Es stelle eine Alternative zur ganztägigen Hortbetreuung dar und sei deshalb auch förderungswürdig.

Drei Möglichkeiten stehen für die Errechnung der Zuschüsse zur Wahl. Die evangelische Grundschule kann mit einem Zuschuß um die 10 000 Mark rechnen, weil dort auch die meisten Kinder betreut werden. Der Anteil für die Grundschule Brauweiler liegt zwischen 3300 und 6480 Mark. Zwischen 1320 und 2000 Mark würden nach den Vorschlägen der Verwaltung auf die Schule an der Escher Straße entfallen. (hok)

Kölner Stadtanzeiger Dezember 1994

oben: So sieht die betreuende Grundschule im kleinen Pausenhof im Jahr 2000 aus;
Mitte: einer der beiden Gruppenräume;
unten: Unsere drei Betreuerinnen Frau Jacobs, Frau Braun, Frau Eggers (v.l.n.r.)
Fotos: A. Salitz-Schatten

Frau Pape mit ihrer 1. Klasse 1996

Frau Reuter mit ihrer 1. Klasse 1996

m & w ^{plus}
der pfiffige Laden

für Mädchen   **und Jungs**
                           &
für Jungs   **und Mädchen**

also zum Beispiel für   also zum Beispiel für

Armband-Trägerinnen	Nachts-heimlich-Leserinnen	Abenteuer-Lustige	Nicht-Leser
Badewannen-Nixen	Ohren-Schmückerinnen	Bastel-Freunde	Ostereier-Färber
Computer-Freaks	Party-Gastgeberinnen	Chemie-Experimentierer	Party-Besucher
Diabolo-Spielerinnen	Quatsch-Macherinnen	Drachen-Flieger	Querfeldein-Renner
Einrad-Fahrerinnen	Reit-Schülerinnen	Erde-Umsegler	Ritterburg-Erbauer
Felix-Freundinnen	Spiel-Lustige	Fantasy-Reisende	Sport-Kanonen
GZSZ-Seherinnen	Tattoo-Aufkleberinnen	Grusel-Fans	Tretroller-Fahrer
Hamster-Pflegerinnen	Unruhe-Stifterinnen	Harry-Potter-sein-Wollende	Unterwasser-Forscher
Indianer-Freundinnen	Verkleidungs-Künstlerinnen	Internet-Surfer	Verse-Schmiede
Jonglier-Artistinnen	Wissens-Durstige	Jojo-Künstler	Witze-Erzähler
Karten-Schreiberinnen	Xylophon-Spielerinnen	Kassetten-Hörer	X-Trem-Kletterer
Lese-Löwen-Bändigerinnen	Yuccapalmen-Pflegerinnen	Lupen-Linser	Yoga-Verbieger
Mikroskop-Guckerinnen	Zauberstab-Schwingerinnen	Mandala-Maler	Zauber-Lehrlinge

Wir beraten I-Dötzchen und ABC-Schützen
genau so gerne wie Eltern, Großeltern, Lehrerinnen und Lehrer

buchladen m & w ^{plus} Venloer Straße 125   50259 Pulheim

Frau Kramm und ihre Klasse 1996

Frau Herrmann mit ihrer 4. Klasse 1997

Die 4. Klasse von Frau Siebörger 1997

Die 1. Klasse von Herrn Thomas 1997

Frau Maas mit ihrer 4. Klasse 1998

Frau Schumacher mit ihrer 1. Klasse 2000

Mit der Schule wächst auch das Lehrerkollegium

In den ersten Jahren ihres Bestehens hatte die evangelische Volksschule Pulheim nur einen Lehrer, der auch gleichzeitig der Rektor war: Eberhard Fehling. Nachdem die Schule erst einmal das mühsame Anfangsstadium der einklassigen Zwergschule überstanden hatte und unaufhaltsam durch den Zustrom neuer Schüler immer mehr Klassen eingerichtet wurden, waren natürlich auch mehr Lehrer nötig geworden. Beim Umzug der evangelischen Volksschule in die Auweiler Straße mussten sich die acht Jahrgangsstufen noch mit fünf Lehrern begnügen, zum Zeitpunkt der Drucklegung dieses Buches stehen den vier Jahrgangsstufen 14 Lehrer und mehrere Referendare – und für Notfälle einige „Feuerwehrlehrer" zur Verfügung.

Seit dem Schuljahr 1997/1998 hat die Schule einen neuen Rektor: Herrn Bernhard Thomas. Er ist der vierte Rektor seit Gründung der evangelischen Volksschule im Jahre 1948. Der vorige Rektor, Herr Alfred Dally, geht in den wohlverdienten Ruhestand. Er war insgesamt 35 Jahre als Lehrer an unserer Schule tätig, davon 26 Jahre als Rektor.

Ostern 1961: Lehrerkollegium (hintere Reihe; 2. v. r.: Rektor Fehling)
mit den Entlass-Schülern (vordere Reihe)

Das Lehrerkollegium 1965 (hi.re.: Konrektor Föll; links: der spätere Rektor Dally)

Lehrerkollegium 1968 (2. v. l.: Frau Maas)

Lehrerkollegium 1988
(links: Rektor Dally; rechts: Frau Rosenberger, die heutige Konrektorin)

Lehrerkollegium 2000

1: Rektor Herr Thomas; 2: Frau Pape; 3: Frau Schumacher; 4: Frau Siebörger;
5: Frau Reuter; 6: Frau Voß; 7: Konrektorin Frau Rosenberger; 8: Frau Kettner ;
9: Frau Herrmann; 10: Frau Schliemann; 11: Frau Wernze; 12: Herr Franken;
13: Frau Volmer; 14: Frau Domma; 15: Frau Déniel; 16: Frau Brill ; 17: Frau Maas

Die „guten Geister" der Schule

Neben dem Unterrichtsbetrieb laufen in einer Schule auch viele andere Dinge ab, von denen man normalerweise gar nichts oder nur wenig bemerkt: Verwaltungsarbeiten fallen an, notwendige Reparaturen müssen durchgeführt werden, und vieles mehr.

Frau Dirksen im Schulsekretariat kümmert sich um alle Schreib- und Verwaltungsarbeiten, die unsere Schule betreffen. Da kommt im Laufe eines Schultages schon so einiges an „Papierkram" zusammen!

Unsere Hausmeisterin Frau Kaiser sorgt dafür, dass die Schule im wahrsten Sinne des Wortes „funktioniert": kleine und große Anlagen wie zum Beispiel die Heizung müssen ständig gewartet werden, das Mobiliar braucht permanente Pflege und manchmal auch einmal eine Reparatur, und dann gibt es ja auch noch solche liebgewonnenen Rituale wie beispielsweise das tägliche Austeilen der Pausengetränke.

Beide Damen haben tagtäglich immer so viel zu tun, dass man gar nicht alles einzeln aufzählen kann!

Frau Dirksen   Frau Kaiser

Die Schule feiert

Von Anfang an waren die außerschulischen Aktivitäten ein wichtiger Teil des Schullebens. Waren es in den ersten Jahren in der Hauptsache weihnachtliche Theaterspiele und Gesangsdarbietungen, so kamen in den nächsten Jahren und Jahrzehnten immer mehr Feste, Feiern und gesellige Nachmittage hinzu. Die Lehrer ließen sich immer wieder etwas Neues einfallen, so dass manches traditionelle Fest auch einmal etwas ungewöhnlich, aber nicht weniger schön, gefeierte wurde.

Weihnachten und Nikolaus

Weil sich ganz zu Anfang katholische und evangelische Schule das Schulgebäude teilen, entscheidet man sich, Weihnachten 1948 mit einer gemeinsamen Weihnachtsfeier mit Krippenspiel und Chorgesängen zu begehen. Man wendet sich an die Gemeinde sowie einige Vereine mit der Bitte, den Kindern eine richtige Bescherung zu ermöglichen. Die Vereine spenden Geld, und Mädchen der Berufsschule beteiligen sich an den Aufführungen. Herr Fehling schreibt über die erste gemeinsame Weihnachtsfeier in die Schulchronik:

Dezember 1948:
Gemeinsame Weihnachtsfeier von katholischer und evangelischer Schule

Zu Weihnachten 1949 wird zwar auch eine Feier veranstaltet, aber diesmal feiert jede Schule trotz der räumlichen Nähe getrennt. Der neue Rektor der katholischen Schule legt auf gemeinsame Feiern keinen Wert. Mit der geringeren Schülerzahl der evangelischen Schule ist es natürlich schwierig, eine schöne Weihnachtsfeier auf die Beine zu stellen. Deshalb helfen Männergesangverein und Theaterverein aus.

Bei der Weihnachtsfeier 1950 führen die Schüler ein Märchenspiel auf.

Die räumliche Enge im Schuljahr 1957/58 hat nicht nur im Unterricht Nachteile; bei der Weihnachtsfeier ist für Gäste kein Platz, die Eltern können nicht mitfeiern.

Am 6.12.1968 kommt zum ersten Mal in der Geschichte der Schule der Nikolaus (hauptsächlich in die ersten und zweiten Klassen). Dieses Ereignis ist natürlich ein Eintrag in der Schulchronik wert. Rektor Dally schreibt:

In den Jahren 1999 und 2000 schmücken mehrere Klassen unserer Schule im Rahmen eines Wettbewerbs einen der Weihnachtsbäume für den Pulheimer Adventsmarkt, den Barbaramarkt. Als Gewinn erhalten die beteiligten Kinder eine willkommene Aufstockung ihrer Klassenkasse.

Tolle Schmuckaktion beim Barbaramarkt – Heute und morgen kommt der Nikolaus

Schneemänner, blaue Engel und ein Baum voller Wünsche

Pulheim.(Rös) Da wird es die Jury schwer haben: Vier wunderschöne Weihnachtsbäume gestalteten Pulheimer Grundschüler zum Auftakt des Barbaramarktes. Die Bäume verschönern bis Sonntag die Show-Bühne auf dem Marktplatz und werden von den vielen tausend Besuchern bewundert werden.

"Es wäre schade drum, wenn sie nach dem Barbaramarkt wieder abgebaut würden", sagte eine Passantin. Frank Tonk, Kaufring-Geschäftsführer, entschied spontan, dass die schmucken Christbäume ab kommenden Montag im Kaufring-Kaufhaus ausgestellt werden. "Für diese schönen Bäume schaffen wir gerne Platz", sagte Tonk.

Unterschiedlichste Gestaltungen brachten die Schulklassen: Die beiden zweiten Klassen der Bonhoeffer-Schule hingen Wunsch-Sterne auf. Die 3a der gleichen Schule entschied sich für ein buntes Allerlei aus gebasteltem Weihnachtsschmuck. Während es die "großen" aus den Klassen 4 bei einem einheitlichen Schmuck mit Schneemännern und Engeln beließen. Schön waren sie allemal, das bestätigte noch jeder Besucher des Marktes.
Fotos: Rösgen

Stadtblatt 27.11.1999

Jeder Baum ist auf seine Weise schön

Pulheim.(Rös) Aus der Dietrich-Bonhoeffer-Schule, Auweiler Straße, beteiligten sich vier Klassen an der Aktion. Die zweiten Klassen A und C schmückten ihren Baum mit lauter Wünschen. Auf roten Sternen schrieben die Schülerinnen und Schüler Weihnachtswünsche, die man nicht auspacken kann.

Die Klasse 3a hatte kunterbunten Schmuck rund um das Thema Winter und Weihnacht angefertigt. Ganz in Weiß präsentierte sich der Baum der Klasse 4a mit liebevoll gebastelten Schneemännern und Schneefrauen aus Pappe.

Aus der "Schule am Wäldchen", Escher Straße beteiligte sich die Klasse 3a. Ihre blauen Engel gestalteten sie phantasievoll aus Müllbeuteln, Tortendeckchen und ähnlichem.

Die beiden vierten Klassen mit ihren Bäumen.

Jetzt muss eine Jury über die Verteilung der Geldpreise entscheiden. 300, 200 und zweimal 100 Mark sollen in die Klassenkasse kommen. Das Ergebnis wird am Sonntag, 18 Uhr auf dem Weihnachtsmarkt verkündet, wenn der "Sankt Nikolaus" seinen Auftritt hat.

Stadtblatt 27.11.1999

St. Martin

Die Schule möchte ein eigenes Gesicht haben und als eigenständige Schule mit eigenen Zielen anerkannt werden. Deshalb beginnt sie, sich bewusst von der katholischen Schule zu distanzieren, indem sie einige bisher übliche Feste mit überwiegend katholischer Tradition zunächst gar nicht mehr oder zumindest anders feiert. So nimmt die Schule 1960 nicht am allgemeinen St. Martins-Zug teil.
Dem Reiz des St. Martin-Festes kann sich aber auch eine evangelische Schule nicht entziehen, und so wird es bald schon wieder in altbewährter Form gefeiert.

1977 wird einmal etwas neues ausprobiert, das auf große Begeisterung stößt: ein St. Martin-Bazar. Dafür basteln die Schüler in den Wochen vor St. Martin mit großem Fleiß, die Eltern backen Plätzchen. Die Kinder versammeln sich am Abend in ihren Klassen, singen St. Martins-Lieder und ziehen dann mit Kapelle und St. Martin zum Feuer auf der Rückseite des Hauses. Als alle Kinder wieder auf dem Schulhof sind, wird der Bazar eröffnet.
Innerhalb kurzer Zeit sind alle Stände leergekauft. Die Einnahmen gehen an geistig und körperlich behinderte Kinder in Mönchengladbach. Eine Woche vor dem ersten Advent reist das Lehrerkollegium dorthin und überbringt 1 500 DM aus dem Erlös.

„Martinsfest mal anders"

Pulheimer Kinder bastelten für behinderte Kinder in Hephata

Pulheim (hok) — Während sich viele Gemeinschaften, Organisationen und Gruppen noch auf ihre Weihnachtsbasare vorbereiten, haben die Schüler und Schülerinnen der Dietrich-Bonhoeffer-Schule ihn schon hinter sich. „Das Martinsfest einmal anders" — unter diesem Motto veranstalteten Schüler, Lehrer und Eltern das Fest und gaben einen Teil ihrer Freude weiter an geistig und behinderte Kinder in Hephata (Mönchengladbach).

Vor allem die Lehrer waren nicht mehr damit zufrieden, daß die Jungen und Mädchen nur beim großen Martinszug mitziehen und hinterher von Tür zu Tür gehen, um dort zu singen. Daher wurde bereits einige Zeit vor dem Martinstag über die Legende gesprochen.

Das Teilen des heiligen Mannes mit einem Bettler war Ausgangspunkt für die neue Gestaltung des Festes. Im Kunstunterricht wurden kleine Geschenke gebastelt, Briefkarten bemalt, Christbaumschmuck hergestellt, Granulatarbeiten angefertigt und vieles mehr. Auch Plätzchenspenden von Müttern trafen ein.

Nach gemeinsamen Liedern und einem Gespräch über den Gedenktag zogen Lehrer, Kinder und Eltern mit dem Musik- und Fanfarenkorps in Pulheim und einem Sankt Martin zu einem Feuer, das hinter der Schule brannte.

Die meisten Eltern blieben auf dem Schulgrundstück und trafen letzte Vorbereitungen für den Basar. Erst als alle Schulkinder zurück waren, wurde der Basar eröffnet. In kurzer Zeit war er leergekauft.

Bei der Abrechnung, die jetzt erstellt wurde, konnten sich alle Beteiligten freuen: Über 2000 Mark kamen für die gute Sache zusammen.

Kölner Stadtanzeiger 26./27.11.1977

St. Martin · einmal anders

Die Erinnerungen an die vergangenen Martinsfeste haben uns auf die Idee gebracht, es in diesem Jahr einmal anders zu versuchen. Wir waren nicht sehr zufrieden damit, daß die Schüler lediglich bei einem großen gemeinsamen Martinszug mitgehen und hinterher an den Haustüren betteln. Daher haben wir bereits 2 Wochen vor dem Martinstag in den Klassen über die Legende von heiligen Martin gesprochen.

Fast alle Kinder wußten bereits vorher soviel, daß Martin seinen weiten Mantel mit einem Bettler teilte. Dieses Teilen war für uns der Ausgangspunkt für eine neue Gestaltung des Martinstages in der Schule. Auch wir wollten mit anderen teilen, bzw. etwas von unseren Dingen abgeben. Diesen Gedanken verwirklichten wir folgendermaßen:

Im Kunstunterricht wurden kleine Geschenke gebastelt, Briefkarten bemalt, Christbaumschmuck hergestellt, Granulatarbeiten angefertigt und vieles mehr. Auch Plätzchenspenden von backfreudigen Müttern trafen zahlreich ein. Die engagierten Vorbereitungen in den Klassen und die erfreuliche Unterstützung der Eltern bestätigte uns in unserem Vorhaben.

Am Martinstag versammelten sich dann die Kinder mit ihren Eltern und den Klassenlehrern in ihren Unterrichtsräumen, um gemeinsam Martinslieder zu singen und über den Martinstag zu sprechen. Anschließend zogen wir mit Kapelle und einem "St. Martin" zu einem prächtigen Feuer, das hinter der Schule brannte. Die Eltern blieben zu dieser Zeit auf dem Schulgrundstück. Viele halfen noch bei den letzten Vorbereitungen für den Basar. Erst als alle Schulkinder wieder auf dem Hof waren, wurde der Basar im Hauptgebäude der Schule eröffnet und in kurzer Zeit leergekauft. Die Begeisterung der Eltern wurde nur dadurch getrübt, daß der Haupteingang zu schmal war, um alle gleichzeitig einzulassen. Unsere Einnahmen von ca. 2.000,– DM geben wir an geistig und körperlich behinderte Kinder in Hephata (Mönchengladbach) weiter.

Wir haben sie auch im vorigen Jahr durch den Gewinn aus unserem Schulfest unterstützt.

Wir danken allen, die uns geholfen haben und freuen uns, daß unsere Gestaltung des Martinstages so positiv aufgenommen wurde.

Das Kollegium der Dietrich-Bonhoeffer-Schule.

(aus dem Mitteilungsblatt der Gemeinde 25.11.1977)

Auch zu St. Martin 1978 gibt es wieder einen Bazar mit Bastelarbeiten und Handarbeiten der Kinder, die sie im Kunstunterricht und in ihrer Freizeit hergestellt hatten; der Erlös wird zur Hälfte an die Behinderteneinrichtung in Hepatha abgegeben, mit der anderen Hälfte sollen bedürftige Kinder der Schule unterstützt werden.

Gedanke des Teilens stand im Vordergrund

Schule wollte Martinsfest einmal anders feiern

Pulheim (hk) – Daß man das Martinsfest auch anders feiern kann, bewies in diesem Jahr erneut die (evangelische) Dietrich-Bonhoeffer-Schule in Pulheim. Wie schon im vergangenen Jahr stand auch diesmal der Gedanke des Teilens im Vordergrund. In einer alten Legende schenkt Sankt Martin, zu dessen Gedenken dieser Tag gefeiert wird, einem Armen seinen halben Mantel.

Die Jungen und Mädchen dieser Pulheimer Grundschule gaben über 1000 Bastelarbeiten für den Basar ab, die sie im Kunstunterricht und ihrer Freizeit hergestellt hatten. Sie erlebten dabei erneut, daß das Abgeben und Schenken schöner sein kann, als das Empfangen oder Behalten von Dingen, an denen das Herz hängt.

Der Erlös des diesjährigen Basars, der im Anschluß an den Martinszug durchgeführt wurde, betrug 2500 Mark. Mit Zustimmung der Schulkonferenz geht er je zur Hälfte an geistig und körperlich behinderte Kinder nach Hephatha bei Mönchengladbach und an bedürftige Kinder der eigenen Schulen.

Das Lehrerkollegium bedankt sich auch bei den Eltern, die bei den Vorbereitungen und bei der Durchführung des Basars selbst viel geholfen hätten.

Kölner Stadtanzeiger 17.11.1978

Karneval

1961 entscheiden Eltern und Lehrer einstimmig, dass sich die Schule nicht an der Kinderkarnevalssitzung der Pulheimer Grundschulen beteiligt. Diese Entscheidung gehört sicher noch zu der Strategie, die in den ersten Jahren verfolgt wurde, um sich von der katholischen Grundschule deutlich zu unterscheiden.

Aber da auch Karneval ein schönes Fest ist und gerade hier im Rheinland eine große Tradition hat, kann sich die Schule nicht lange dem Trubel entziehen. Mehrere Jahre lang veranstaltet die Pulheimer Karnevalsgesellschaft „Ahl Häre" für die Grundschulen Kindersitzungen, an der sich nach einigen Jahren „Pause" auch die evangelische Grundschule wieder beteiligt. In der Schule selbst wird der Konferenzraum für die Weiberfastnachtsfeier der Lehrer geschmückt.

Wegen der Überfüllung der Schule 1976 findet die Karnevalssitzung allerdings nur für die Kinder der Evangelischen Grundschule statt. Die Lehrer und die Schulpflegschaft gestalten einen großen Teil des Programms selbst. So tritt beispielsweise eine Gruppe des Schulkindergartens auf, und „Dally´s Karnevalsgesellschaft" (Klasse 3c) unter der Leitung von Frau Kloster-Bruhns fand großen Zuspruch im Publikum.

Seit einigen Jahren versammelt sich regelmäßig an Weiberfastnacht eine Abordnung der großen Karnevalsgesellschaften auf dem Schulhof, um das bunte Treiben der Schüler und Lehrer nach Kräften zu unterstützen.

Im Jahr 2000 probierte die Schule wieder etwas Neues aus: sie beteiligte sich zum ersten Mal in ihrer Geschichte mit einer Gruppe am Pulheimer Karnevalszug. Unter dem Zugmotto „Ob Internet, Handy oder PC – Pullem fiert wie eh und je" verkleideten sich insgesamt 65 Eltern, Kinder und Lehrer als Handy. Das Motto der Gruppe lautete: „Klingelt dat Handy in der Scholl, weed der Lehrer raaderdoll". Es machte allen so großen Spaß, dass das erste Mal sicher nicht das letzte Mal gewesen ist!

Einer unserer beiden Bagagewagen

Pulheimer Karnevalszug 2000
Fotos: Frau Kaiser

Schulfeste

Das erste große Schulfest findet am 2.10.1976 statt. Zu dieser Zeit sind gemeinsame Schulfeste mit Schülern, Lehrern und Eltern noch keine Selbstverständlichkeit. Die begeisterten Eintragungen von Rektor Dally in der Schulchronik nach der erfolgreichen „Premiere" und die positive Berichterstattung in der Presse vermitteln uns einen Eindruck davon, mit welchem Einfallsreichtum und Liebe zum Detail dieses Schulfest geplant und durchgeführt wurde.

„Der Gedanke, einmal ein besonderes Schulfest zu veranstalten, wurde in Dattenberg „geboren“. Frau Pape sprach zuerst den Gedanken aus! Bei Rotwein im Turmzimmer der Burg. Es war aber auch wirklich ein schönes Schulfest für Kinder, Lehrer und für viele Eltern! ...

... Von Kindern und Erwachsenen gleichermaßen umlagert war die Wurfbude, die Gelegenheit bot, dem Lehrer-(-foto) nach Wahl einen oder mehrere Bälle an den Kopf zu werfen.

Rege Nachfrage herrschte nach den lustigen Porträtaufnahmen, die mit einer Sofortbildkamera „geschossen“ wurden sowie nach den schon Tage vorher gemachten Schnappschüssen, die das Tun und Lassen unserer Schulkinder in den Klassen und auf dem Schulhof darstellten.

Das Wetter ließ uns trotz des relativ späten Termins nicht im Stich und dementsprechend groß war der Durst der Besucher. Die Helfer am großen Getränkestand mit Bier vom Fass konnten dem Andrang kaum gerecht werden und gerieten nicht selten ins Schwitzen.

Freuen an diesem gelungenen ersten Schulfest können sich nicht nur die Schulkinder, die vielen Helfer, denen wir zum Gelingen des Festes hiermit nochmals unseren Dank aussprechen, das Lehrerkollegium und die außerordentlich große Anzahl der Besucher, sondern auch das Kinderdorf im Bergischen Land, in dem verhaltensgestörte Kinder betreut werden und dem die Hälfte des großen Erlöses zugute kommt. Der Rest des Erlöses wird für die Anschaffung von Lehrgeräten für unsere Schule verwendet.“

Ein schönes Schulfest

Pulheim (E P). Das erste Schulfest der Dietrich-Bonhoeffer-Schule, evangelische Grundschule in Pulheim, Auweiler Straße, war außerordentlich erfolgreich. Dank der Mithilfe der Schüler, Eltern und Lehrer konnte ein umfangreiches Programm durchgeführt werden. Großer Andrang herrschte bei den Filmvorführungen, den Laienspiel- und Ballettauftritten, beim Ponyreiten sowie vor der großen Losbude.

Viel Interesse bei den Erwachsenen fand die Fotoausstellung, die Kinder- und Jugendbuchausstellung einer Pulheimer Buchhandlung und der Trödelmarkt.

Den Kindern sagte mehr der Malwettbewerb, das Schlagzeug, an dem erste musikalische Grundkenntnisse erworben werden konnten, das Mäuserennen, das Roulettspiel, die Fußballtorwand, Sackhüpfen und Eierlaufen, Blindekuh am Wundertütenbaum, das Wasserspiel sowie das Ausschießen brennender Kerzen mit Wasserpistolen zu.

Rege Nachfrage herrschte nach den lustigen Porträtaufnahmen, die mit einer Sofortbildkamera „geschossen“ wurden. Auch die jüngsten Besucher wurden nicht vergessen, denn im Schulkindergarten wurde mit ihnen gespielt und gearbeitet.

Daß die Küche zu Hause geschlossen blieb, bemerkte man daran, daß schon sehr bald die heiße Erbsensuppe aus dem großen Kessel und die von hilfsbereiten Müttern und Vätern in der Waffelbäckerei hergestellten Waffeln aufgezehrt waren, während der Würstchenstand mit Bockwürsten und Würstchen vom Grill durch ständigen Nachschub die große Nachfrage noch bis kurz vor Schluß des Festes befriedigen konnte.

Das Café im 1. Stock des Hauptgebäudes war ständig gefüllt, und auch hier reichte das Angebot trotz der in Heimarbeit von hilfsbereiten Eltern hergestellten fast 150 Kuchen und Torten kaum aus.

Sicher ist, daß dieses schöne und gelungene Schulfest nicht nur schon das bereits bestehende gute Verhältnis zwischen Schülern, Elternhaus und Schule gefestigt hat, sondern darüber hinaus zu einer Vertiefung dieses Verhältnisses beigetragen hat.

Pulheimer Wochenende 13.10.1976

Die Waffeln waren im Nu vergriffen

Auch Politiker kamen zum Schulfest

Pulheim (hok) — Damit hatten selbst die Optimisten nicht gerechnet. Schon nach dem „Startschuß" wimmelte es auf dem Schulhof und in den Klassenräumen der Dietrich-Bonhoeffer-Schule an der Auweilerstraße von Menschen. Nicht nur die Jungen und Mädchen, die zum Teil selbst mithelfen mußten, freuten sich auf den großen Tag, auch viele Erwachsene nutzten die Möglichkeit zum Frühschoppen, zum Mittagessen oder zum Nachmittagskaffee.

Viele Politiker informierten sich an Ort und Stelle über die Probleme der Schule, von denen der größte Teil in diesem Jahr behoben wurde. Allerdings hoffen die Vertreter der Schulpflegschaft, daß die Parteien ihre Versprechungen wahrmachen und im nächsten Jahr eine neue Turnhalle für diese Schule bauen lassen.

Geschicklichkeitswettbewerbe, Spiele, eine Tombola, eine Bücherausstellung, Erfrischungsstände und ein Café — im großen Bereich der Schule war alles aufgebaut, was zu einem solchen Fest gehört.

Der Erlös des Festes, und es wanderte eine ganze Menge Geld in die Schulkasse, geht zur Hälfte an ein Kinderdorf im Bergischen Land, in dem verhaltensgestörte Kinder betreut werden. Und mit dem Rest will man ein neues Gerät kaufen.

Kölner Stadtanzeiger
7.10.1976

Was mit viel gemeinsamem persönlichen Einsatz und mit viel Liebe zum Detail geplant wurde, entwickelte sich zu einer so erfolgreichen Veranstaltung, dass seitdem regelmäßig ein Schulfest veranstaltet wird. Dann tummeln sich Scharen von Kindern und Erwachsenen auf dem Schulhof und staunen über den Einfallsreichtum der Organisatoren. Kaum sind die ersten Ideen geboren, sind auch schon viele fleißige Helfer da, um die Pläne in die Tat umzusetzen. Nicht nur die Lehrer und die Kinder sind aktiv an den Vorbereitungen beteiligt, auch viele Eltern helfen unermüdlich bei den Vorbereitungen und beim Ablauf der Feste.

Einige Auszüge aus der Schulchronik, die liebevoll gestalteten Programm-Plakate und zahlreiche Fotos aus über 20 Jahren Schulfest-Geschichte geben einen kleinen Einblick in die bunte Vielfalt der Veranstaltungen:

31.5.1980: „Die Einladungen zum Schulfest werden dank der Mithilfe und des Erfindungsgeistes der Kolleginnen immer schöner und anspruchsvoller."

5.6.1982: „Alle Klassen „machen" etwas in Richtung Märchen. Herrliche Kostüme und Kulissen entstehen, sie werden nicht nur in den Schulstunden gebastelt, sondern besonders nachmittags und abends. Den Kindern, Lehrern und Eltern macht schon die Vorbereitung viel Spaß."

Das Schulfest am 26.5.1984 steht unter dem Motto „Zirkus, Zirkus – Au-wei!"
Rektor Dally klebt zur Erinnerung den Aufsatz eines Schülers in die Schulchronik ein:

Für die Fußballer gab es viel Beifall

Modenschau beim Pulheimer Schulfest

Pulheim (hok) — Ganz ohne Fußball-Weltmeisterschaft kann in diesen Tagen wohl kaum eine Veranstaltung stattfinden. Auch in Pulheim wurde beim Schulfest der Dietrich-Boenhoeffer-Schule das Interesse der Gäste für einen Augenblick auf die Ereignisse in Südamerika gelenkt. Zu der Zeit wußte allerdings noch niemand, welches Trauerspiel am Abend über die Bühne gehen würde, so daß die Pulheimer „Nationalmannschaft" während der Modenschau viel Beifall bekam.

Auch die anderen Akteure hatten sich viel Mühe gegeben. Auf dem gesamten Schulhof arbeiteten Lehrer und Eltern diesmal für die Kinder und die vielen Besucher, die sich das bunte Bild nicht entgehen lassen wollten.

Besonders schnell gingen die Steckenpferde weg, aber auch an den anderen Verkaufsständen und dem Trödlermarkt herrschte großes Gedränge. Gartenliebhaber konnten manche Staude oder sogar einen Minibaum kaufen.

Der Besuch der Veranstaltung litt allerdings unter dem kühlen Wetter. Trotzdem war Schulrektor Alfred Dally nach geschlagener Schlacht mit dem Ergebnis und auch mit dem Reinerlös des Festes zufrieden.

Kölner Stadtanzeiger 10.6.1978

Märchen stehen im Mittelpunkt

PULHEIM. (ab) Ganz im Zeichen der Märchen steht das Schul- und Sommerfest am Samstag, 5. Juni, in der Grundschule Auweiler Straße.

Die Kinder, Eltern sowie die ehemaligen Schüler und deren Eltern und alle, die sich mit der Schule verbunden fühlen, können mitmachen.

Die Kinder stellen in verschiedener Art und Weise Märchen dar, es gibt vielerlei Spielmöglichkeiten und genügend Eß- und Trinkbares. Bei Schneewittchen und den sieben Zwergen kann man Kaffee trinken und Kuchen essen und vieles mehr. Beginn ist um 11 Uhr.

Pulh. Stadtblatt Juni 1982

Der Sterntaler-Tanz der 1. Klassen

Autowaschen auf dem Schulhof

Für das Autorennen wird die Auweiler
Straße vorübergehend gesperrt

Lehrer Koch als Rattenfänger
Schulfest 1982

Wir werden mit Stelzen zu Kiesen

*Reiten mit Pippi Langstrumpf
50 Pf
50 Pf
50 Pf

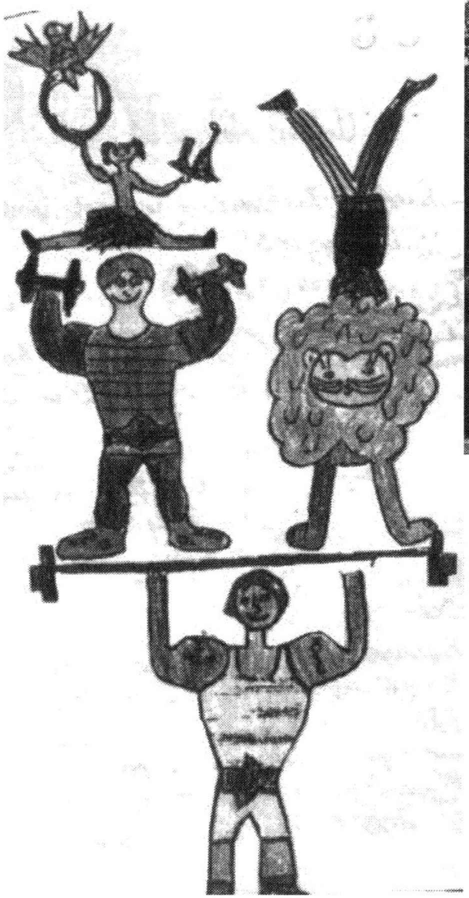

Schulfest „Zirkus“ 1984

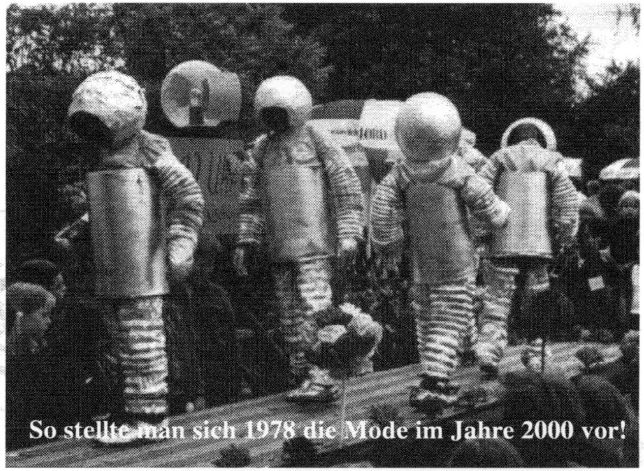

So stellte man sich 1978 die Mode im Jahre 2000 vor!

Eine der 20 Zirkusnummern!
Kunststücke mit Steckenpferdchen

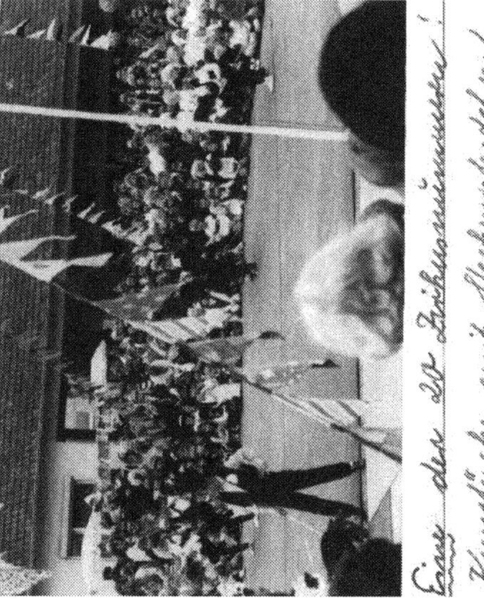

Wenn es in der Schule etwas zu feiern gibt, packen auch unsere Kinder immer fleißig mit an!

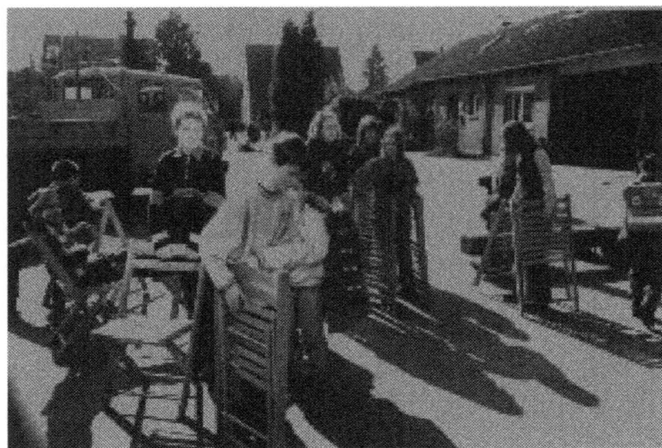

Foto: S. Herrmann

Einige Schulfeste stehen unter dem Motto „Unser Schulhof soll schöner werden". Die gesamten Einnahmen dieser Feste werden in die Umgestaltung und Verschönerung des Schulhofes gesteckt.

Der Schulhof wird ausgebaut

Ein sehr wichtiger „Raum" für eine Schule ist der Schulhof. Hier können sich die Kinder nach dem konzentrierten Stillsitzen und Arbeiten tüchtig abreagieren. Damit sie ihren Bewegungsdrang nicht in Aggressionen den anderen Schülern gegenüber umsetzen, sondern an geeigneter Stelle toben und sich austoben können, ist eine sinnvolle Pausenanlage enorm wichtig. Unsere Schule gehört zu den ersten im Erftkreis, an denen die Notwendigkeit einer „aktiven, bewegten Pause" nicht nur erkannt, sondern auch in die Tat umgesetzt wird.
Gleich eines der ersten Schulfeste im Jahre 1978 („Ein schönerer Schulhof für unsere Schüler") soll mit seinen Einnahmen dazu beitragen, dass die Schüler eine attraktivere Spielfläche bekommen.

„Wir können den Erfolg eines Schulfestes nicht an den Einnahmen messen, trotzdem finden wir den Reinerlös von ca. 8000.- DM sehr hoch! Und da wir den Schulhof neu gestalten wollen, haben wir das „Geldzählen" nicht vergessen oder gar in Abrede gestellt! Weil sich in den Vorbereitungen und beim Schulfest selbst auch die Kinder „verwirklichen" konnten, war es ein sehr schönes Schulfest. Das Echo der Kinder, der Eltern und Gäste war positiv."

Die Planungen zur Umgestaltung des Schulhofes beginnen direkt nach dem Sommerfest, aber erst im Dezember 1978 kann die Schulhofverschönerung in Angriff genommen werden.

Ich bin ein Musikante

bei
Margot Vattrodt
Mohnblumenweg 27 · 50259 Pulheim
Tel. 0 22 38/66 83

1998 startet die nächste Aktion. Auch dieses Mal soll ein Teil der nötigen Ausgaben über ein Sommerfest bereitgestellt werden. Der Erlös des Festes lässt die Anschaffung einer Menge neuer Dinge zu: so werden beispielsweise Pausenspielzeuge (unter anderem Springseilchen, Boxhandschuhe, Balancierbrett, Federball- und Tischtennis-Zubehör, Bälle) angeschafft, die in der großen Pause von den Schülern ausgeliehen werden können, ganz im Stil einer Leihbücherei.

Die Schüler der 4. Klassen sind für die Ausgabe und das ordentliche Einsammeln der Spielsachen nach der Pause verantwortlich.

Schulfest

ech Pulheim. „Auf zum Schulfest" hieß es am Samstag, die Devise für viele Pulheimer, denn die Dietrich-Bonhoeffer-Schule, in der Auweiler-Straße, hatte eingeladen. Bei idealem Wetter wurde es ein Tag fröhlicher Begegnung und es wurde das starke Engagement der Eltern, Lehrer und Kinder für „ihre" Schule deutlich.

Das Schulfest stand unter dem Leitgedanken „Ein schönerer Schulhof für unsere Schüler". Dabei soll der Schulhof nicht nur in den Schulpausen, sondern auch nach Schulschluß den Kindern zur Verfügung stehen. So waren alle Aktivitäten darauf abgestimmt, mit dem Erlös Spielgeräte und Spieleinrichtungen anzuschaffen — zumindest das Material, um dann unter bewährter Anleitung auch einiges selber zu erstellen.

Als zum Schluß des Festes das letzte Bier getrunken und Bilanz gezogen wurde, waren die Beteiligten der Meinung, daß in diesem Jahr der Andrang noch größer, als im vorigen Jahr war. Vielleicht kam dies auch aus der Motivation heraus. Kinder, Lehrer und Eltern, wollten der Gemeinde beweisen, zu welcher Eigeninitiative sie fähig sind. Der Festtag begann am Freitagnachmittag mit einem fröhlichen Autowaschen, wobei an die 70 Wagen auf dem Schulhof für den guten Zweck gewaschen wurden, wobei Rektor Alfred Dally den Kollegen und den Kindern mit gutem Beispiel voranging.

Am Samstag war dann großer Trödelmarkt. Losbude, Fußballtorwand, Glücks- und Geschicklichkeitsspiele und Minigolfbahn waren Aktivitäten die viel Spaß bereiteten. Da gab es Blumen aus eigener Zucht und an die 150 Kuchen waren von den Müttern selber gebacken worden. Ferner gab es Grillwürstchen, Erbsensuppe, Bier- und Limonadenstand.

Bei aller Aktivität aber kamen die Besucher miteinander und auch mit den Lehrern ins Gespräch und alle hatten ihren Spaß. Da auch viele Spenden einkamen, dürfte Peter Neugelken, der die Planung für den Schulhof erstellt, bald schon vorankommen.

Lehrer, Eltern und Schüler waren vom Fest begeistert.

Schulfest 1978

Lehrer und Eltern helfen mit viel persönlichem Einsatz bei der Umgestaltung des Schulhofes mit. Damit hat man gleich „drei Fliegen mit einer Klappe geschlagen": die Kosten halten sich in Grenzen, Lehrer und Eltern lernen sich bei solchen Gelegenheiten näher kennen, und die Schüler sind besonders stolz auf einen Schulhof, an dem ihre Eltern mitgewirkt haben.

„Eltern und Lehrer sind öfter samstags gemeinsam am Werk!"

Ein Schulhof für den Unterricht im Freien

Ein nicht alltägliches Projekt soll verwirklicht werden

sch Pulheim. Eltern, Lehrer und Kinder der Dietrich-Bonhoeffer-Schule haben sich die Aufgabe gestellt, von den kasernenhofartigen Stein- und Asphaltflächen weg und hin zu einem kindgerechten Schulhof zu kommen.

Die Gemeinschaftsgrundschule möchte nach den Plänen des Stommeler Architekten Peter H. Nengelken das Schulhofgelände, das sich in mehrere Zonen gliedert, nach neuzeitlichen Erkenntnissen herrichten. Die Kinder sollen auf einem entsprechend gestalteten Schulhof einen echten Ausgleich zum Schulbetrieb finden. Darüber hinaus aber soll der Schulhof auch außerhalb der Schulzeit für die Kinder zur Verfügung stehen.

Im ersten Bauabschnitt soll zunächst der linke Schulhofteil in Angriff genommen werden. Hier soll ein Kletterhügel von etwa 150 Zentimeter geschaffen werden. Von diesem Hügel, der etwas stufenförmig angelegt wird, können die Kinder über zwei Rutschen in eine Sandgrube „rauschen"! Mit Bahnschwellen und Rundhölzern soll die Hügellandschaft befestigt werden. Weiter sind eine Bocksprunganlage, eine Hangelleiter, Wackelbalken, Wippen, Kletterbäume, eine Balancieranlage, eine Hindernisbahn und Malwände vorgesehen. Alles soll aus kräftigen Hölzern von den Eltern, Lehrern und Kindern in Eigenleistung hergestellt werden. In verschiedenen Bereichen sind Sitzbankgruppen vorgesehen. Hüpf-Anlagen, zum Teil auf den Boden gemalt, oder von den Kindern künstlerisch hergestellte Steinplatten runden das Angebot ab.

Im rechten Teil soll später auf der großen Freifläche in der Nähe des Eingangs Auweiler-Straße als Krönung des Ganzen ein sogenanntes Rundumtheater aus Balken und Rundhölzern aufgebaut werden. Hier könnte im Sommer auch Freiluftunterricht abgehalten werden. Die Entwürfe für die Geräte und Anlagen stammen ebenfalls von Peter Nengelken.

Bei der Gesamtanlage wechseln Aktivzonen, wo richtig getobt werden kann, und Ruhezonen miteinander ab. Die Kosten für dieses nicht alltägliche Projekt werden vom Erlös verschiedener Schulveranstaltungen getragen. Der Bürgerverein Pulheim hat für solche Anliegen schon immer ein offenes Ohr und eine offene Hand gehabt. 500 DM stellte der Verein für diese Aufgabe zur Verfügung.

Rektor Alfred Dally hat derzeit noch Sorgen, wann endlich die schon lange versprochene Turnhalle gebaut wird. Hier wartet man noch immer auf die Genehmigung durch die Aufsichtsbehörde. Auch lautet die Frage, ob die Halle wirklich an den vorgesehenen Standort kommt. Es wäre nämlich schade, wenn die jetzt geplanten Anlagen beim Bau der Turnhalle wieder verschwinden müßten.

Kölnische Rundschau 8.12.1978

Eltern griffen Hacke und Spaten

Der Schulhof soll verschönert werden

sch Pulheim. Die Dietrich-Bonhoeffer-Schule, die Evangelische Grundschule Auweiler Straße, soll einen kinderfreundlichen Schulhof erhalten. Mit den Arbeiten wurde bereits begonnen. Am ersten „Arbeitstag" hatten sich genügend Väter und Mütter eingefunden, um aus dem großen Katalog der Ideen einige Projekte zu verwirklichen.

Mit den Planungen zur Umgestaltung des Schulhofs war gleich nach dem Sommerfest begonnen worden. Hier war eine erste finanzielle Grundlage geschaffen worden. Die Idee war bei Kindern, Eltern und Lehrerschaft auf fruchtbaren Boden gefallen. Die Beteiligten wollten ursprünglich schon Ende vergangenen Jahres mit der Arbeit beginnen. Der außergewöhnliche Winter stellte die Unternehmenslust jedoch auf eine harte Probe.

Es konnten nur vorbereitende Arbeiten ausgeführt werden. Sogar einige Außenstehende hatten spontan ihre Hilfe zugesagt. Die Gemeindeverwaltung half beim Abtransport von Baumaterial und Zersägen der Baumstämme, Hans Umpfenbach stellte Baumaterial zur Verfügung, und Peter Nengelken half bereitwillig mit seiner Berufserfahrung als Landschaftsarchitekt.

Als Vorsitzender des Bürgervereins konnte er zudem eine kräftige finanzielle Spritze geben. Am allerwichtigsten ist aber doch die Mithilfe der Eltern, ohne deren handwerkliches Geschick nicht viel zustande käme. Der aktive Einsatz der angesprochenen Eltern am ersten Wochenende war vielversprechend im Hinblick auf die weitere Umgestaltung des Schulhofs.

Der Anfang ist bereits gemacht mit der Bocksprunganlage und anderen Spielmöglichkeiten. Die Schule dankt allen, die hier mithelfen, um im Jahr des Kindes eine kinderfreundlichere Umwelt zu gestalten.

Schulhofverschönerung in Eigeninitiative

PULHEIM (pw). „Es geht los", verkündeten letzten Samstag die Initiatoren, die sich zum Ziel gesetzt hatten, den Schulhof der Dietrich-Bonhoeffer-Grundschule attraktiver zu gestalten.

Den Planungen für diese Aktion, denen auch der Stommelner Architekt Peter Nengelken mit fachmännischem Rat zur Seite gestanden hatte und der als Vorsitzender des Bürgervereins dieses Vorhaben mit einer finanziellen Spritze unterstützte, sollten nun endlich Taten folgen.

Die beteiligten Eltern und Lehrer waren froh, nach den langen Wochen des wetterbedingten Wartens Schaufel und Spaten in die Hand zu nehmen und mit den Arbeiten zu beginnen.

Am Ende der samstäglichen Arbeit konnten bereits zwei fertiggestellte Projekte vorgestellt werden:

Eine Gruppe hatte aus kostenlos zur Verfügung gestellten und von den Kindern bemalten Steinplatten sog. „Hüppekästchen" in verschiedenen Formen gefertigt, während eine andere Gruppe, in der ebenfalls Eltern und Lehrer arbeiteten, eine Bocksprunganlage (Foto) errichtete.

Dies bedeutete schwere Knochenarbeit, denn der Boden, in den die Pfähle eingelassen werden mußten, wies einige Überraschungen in Form von Steinen und anderen Hindernissen auf.

Die Arbeiten verliefen jedoch planmäßig, so daß den Kindern schon zu Beginn der neuen Schulwoche die bewegungsfördernden Anlagen vorgestellt werden konnten.

Die Aktion „Schulhofverschönerung" sieht aber auch noch andere Projekte vor, neben diversen anderen Spielgeräten soll eine Ruhezone für Unterricht außerhalb des Klassenzimmers bei schönem Wetter angelegt werden.

Es bleibt zu hoffen, daß die an dieser Schule schon immer sehr engagiert mitarbeitenden Eltern und Lehrer auch weiterhin von der Gemeinde (kostenlose Transport- und Sägearbeiten) und u.a. Herrn Umpfenbach (FDP), der sich um eine Vermittlung von nahezu kostenfreien Materialien bemühte, unterstützt werden. Hier wurde das Jahr des Kindes nicht nur proklamiert, sondern es wurde auch wirklich etwas dafür getan, daß den Schülern der Besuch der Dietrich-Bonhoeffer-Schule auch Spaß macht.

Ein nachahmenswertes Beispiel.

Ulrich Schröder

Wochenblatt 28.3.1979

Weil der Belag des Schulhofes durch das unterirdische Wachstum der Baumwurzeln stellenweise aufgeplatzt ist und dadurch immer wieder Schüler beim Spiel zu Fall kommen, wird 1998 die Verwaltung im Rathaus auf die Situation aufmerksam gemacht. Die Schüler der 4. Klassen basteln und malen ihren „Traumschulhof"; im Dezember stellt eine Abordnung von Schülern, Lehrern und Eltern unserer Schule diese Modelle dem damaligen Bürgermeister Dr. Kopp vor und bittet um städtische Mittel für die Beseitigung der Mängel.

In der nächsten Sitzung des Schulausschusses wird über den Antrag verhandelt, und zur großen Freude aller Beteiligten bewilligt die Stadt die erforderliche Summe.

Der Schulhof wird zu einem Abenteuerspielplatz

Vom Erlös des Sommerfest wurden bereits mobile Spielgeräte gekauft

(Fortsetzung nächste Seite)

Pulheim (cc). Wer glaubt, Schule sei nur zum Lernen da, der irrt. Ein wichtiger Teil findet nämlich in den Pausen statt. In dieser Zeit üben die Kinder Sozialverhalten, bauen Aggressionen ab, tanken Kraft für die nächste Stunde.

"In der Grundschulzeit verbringen die Kinder etwa ein Viertel ihres gesamten Aufenthaltes auf dem Pausenhof", rechnet Bernhard Thomas vor. Er ist Schulleiter der Dietrich-Bonhoeffer-Schule in Pulheim. Die evangelische Grundschule ist bekannt für ihr kindgerechtes Arbeitsklima. Hier gibt es zum Beispiel keinen strengen Unterrichtsbeginn, die erste Stunde dient nur dazu, die Kinder langsam auf die Arbeit einzustimmen. Sie können lesen, rechnen oder mit den Lehrkräften frühstücken.

Zu diesem liberalen Konzept schien der Schulhof in seiner alten Form nicht mehr zu passen. Schulleiter Thomas über die Mängelliste: "Es war nur nackter Beton, der zum Teil durch Baumwurzeln Löcher und Unebenheiten hatte. Die Kinder konnten sich gar nicht austoben, den Kopf nicht frei bekommen für die nächste Stunde. Deshalb haben wir uns ein sehr umfangreiches Projekt zur Veränderung des Schulhofes überlegt. Der Schulhof als pädagogische Fläche, sozusagen." Bernhard Thomas Wunschvorstellung klingt ein wenig nach Abenteuerspielplatz: "Vorgesehen sind ein Volleyballplatz, eine feste Torwand, Tische für Schach und noch einige große Spielgeräte." Der Schulleiter weiß, daß das Projekt aus finanziellen Gründen nicht sofort und nicht komplett umgesetzt wer-

den kann. Aber er ist zuversichtlich: "Unsere Schule hat ein Kapital, das nicht selbstverständlich ist. Wir haben aktive, toll engagierte Eltern. Gemeinsam mit ihnen haben wir ein sehr ertragreiches Sommerfest ausgerichtet. Allein aus diesem Erlös haben wir für mehrere tausend Mark mobile Spielgeräte gekauft." Dies sei zwar noch kein Ersatz für einen total renovierten Schulhof, so Thomas, aber ein Anfang. "Wir haben schon eine Idee für die Verwendung der Spielgeräte. Schüler aus den vierten Klassen sollen die Spiele in den Pausen an Jüngere verleihen

■ Noch können nicht alle Pläne für die Umgestaltung des Schulhofes realisiert werden.

und die Geräte anschließend auch wieder zurückholen. Das fördert nämlich zusätzlich das Verantwortungsbewußtsein." Und das wiederum wäre für die fleißigen Eltern ein schöner Lohn.

■ Auf dem Schulhof üben die Kinder Sozialverhalten, toben sich aus und tanken Kräfte für die nächste Stunde.

Fotos: Courts

PULHEIM. (Rös) Für die dringend nötige Erneuerung des Schulhofes, der evangelischen Grundschule Auweiler Straße hat der Rat der Stadt Pulheim Geld bereitgestellt. Mit 90.000 Mark soll der löchrige Asphaltbelag, auf dem Schüler und Lehrer ummer wieder in Stolpern gerieten, instandgesetzt werden. Der Betrag wird beim Ansatz für den Bau einer Dreifach-Turnhalle im Schulzentrum Brauweiler eingespart. Hierfür liegt immer noch kein Bewilligungsbescheid vor, sdaß die Stadtverwaltung nicht mehr damit rechnet, den Bau noch in diesem Jahr beginnen zu können.

Ihren Traumschulhof gestalteten Schülerinnen und Schüler der Dietrich-Bonhoeffer-Schule, Auweiler Straße. Die Modelle wurden jetzt Bürgermeister Clemens Kopp übergeben mit der Bitte, sich bei den Fraktionen einzusetzen, damit eine Umgestaltung des Schulhofes bald verwirklicht wird. Die Schulgemeinde selbst hat über Feste und andere Aktivitäten schon einiges an Eigenmitteln sammeln können. Die »Delegation« wurde von den Lehrern Barbara Voss und Hans Karl Franken sowie der Schulpflegschaftsvorsitzenden Dr. Schatten und Schulleiter Thomas begleitet. Text: Rösgen/Foto: sb

Ein großer Teil der umfangreichen Bauarbeiten wird in den Sommerferien 1999 erledigt.

Nach Beseitigung der Unebenheiten wird ein ganz neuer Belag aufgebracht. Bei der Gelegenheit bekommt die Schule auch das lange ersehnte Volleyball-Feld mit einem besonderen Boden. Der Förderverein zahlt noch einen größeren Betrag zu, und so können auch neue Bänke und mehrere große Blumenkübel angeschafft werden. Die Blumenkübel werden von den Schülern zusammen mit unserer Hausmeisterin, Frau Kaiser, bepflanzt; jeweils eine Klasse ist für die Pflege „ihrer" Blumen zuständig.

Mit der kindgerechteren Umgestaltung des Schulhofes ist schon ein Teil der Pläne, die im Rahmen der Zukunftskonferenz im Herbst 1998 beschlossen wurden, erfolgreich in die Tat umgesetzt worden.

Die Zukunftskonferenz

Weil die Schulen bis zum Jahr 2000 beim Kultusministerium ein „Schulprogramm" vorlegen müssen, das die Leitlinie der Schule darlegt, findet im November 1998 an unserer Schule eine sogenannte Zukunftskonferenz statt. Mehrere Tage lang diskutieren alle Lehrer unserer Schule und mehrere Elternvertreter über die bisherigen und zukünftigen Ziele unserer Schule. Vieles von dem, was an unserer Schule bisher schon geleistet wird, soll beibehalten werden; zusätzlich strebt die Schule aber für die nächsten Jahre einige neue Ziele an. Dazu gehört neben der Umgestaltung des Schulhofes und der Bereitstellung von Pausenspielzeugen auch der Aufbau einer Schülermitverwaltung. Diese Form der Mitarbeit von Schülern ist für eine Grundschule noch ziemlich neu. Die Schüler sollen so Schritt für Schritt an ein verantwortungsbewusstes und rücksichtsvolles Miteinander herangeführt werden. Eine Aufgabe der älteren Schüler ist zum Beispiel die Streitschlichtung. Besonders in den Pausen kommt es auf Schulhöfen zu manchmal hitzigen Meinungsverschiedenheiten; die betroffenen Schüler können sich in solchen Fällen an die Streitschlichter wenden, die als erstes versuchen, das Problem auf Schülerebene zu lösen. Erst wenn gar nichts mehr hilft, wird die Pausenaufsicht eingeschaltet. Die Streitschlichter stellen sich mit einem Plakat schon im Eingangsbereich allen Schülern vor:

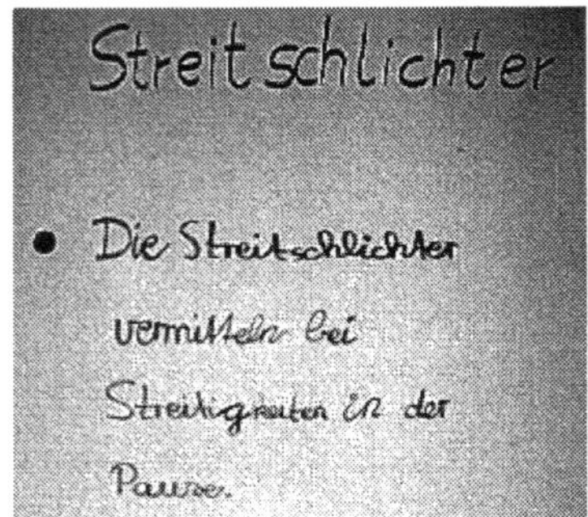

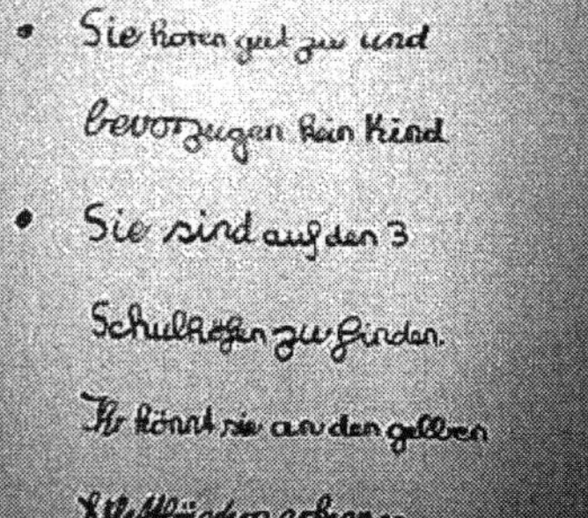

Zu einem freundlichen, aufmerksamen und rücksichtsvollen Miteinander der Schüler an unserer Schule gehört auch die Patenschaft der älteren Schüler aus den vierten Klassen über die Erstklässler. Sie helfen ihnen bei allen möglichen Situationen und springen auch gerne bei Spiel und Spaß ein, wenn die Kleinen gerade niemanden zum Spielen haben.

Bei der Zukunftskonferenz in der Turnhalle

Bei der Zukunftskonferenz werden aber auch andere Dinge beschlossen, die in Zukunft für unsere Schule wichtig und charakteristisch sein sollen. Dazu gehören unter anderem weitere Projekttage zu verschiedenen Themen. So wird im Jahr 2000 ein Projekttag „Lernen mit allen Sinnen" durchgeführt.

Projekttage sind an unserer Schule in den letzten Jahren mehrmals mit großem Erfolg durchgeführt worden. Dabei lernen die Schüler in kleineren und größeren altersgemischten Gruppen ein bestimmtes Thema von den unterschiedlichsten Seiten kennen und bearbeiten verschiedene interessante Projekte dazu. Ein großes Medienecho finden die Projekttage der Jahre 1998 und 1999: „Kinder der Welt" und „Sinish":

Seit dem 1.6.1994 hat die Schule ein indisches Patenkind. Sinish lebt in einem indischen Kinderheim für behinderte Kinder. Regelmäßig unterstützt die Schule das Kind mit Spenden, zu denen auch unsere Schulkinder mit einer freiwilligen Taschengeld-Abgabe beitragen. Die Schule steht in Kontakt mit dem Kinderheim und erfährt so ständig, wie es dem Patenkind geht und wie es ihm in der Schule ergeht. Mittlerweile ist Sinish 15 Jahre alt.

1999 wird ein Projekttag zum Thema Sinish veranstaltet. Alle Kinder der Schule bearbeiten die unterschiedlichsten Themen rund um Indien; Frau Dannenberg von der Evangelischen Kirchengemeinde in Pulheim berichtet von ihrem letzten Besuch bei Sinish.

Aber nicht nur Indien wird den Kindern nahegebracht; auch die anderen Länder der Erde stehen immer wieder im Mittelpunkt des Interesses, nicht zuletzt, um das gegenseitige Verstehen und die Toleranz gegenüber anderen Menschen zu fördern. 1998 findet eine ganze Projektwoche zum Thema „Kinder der Welt" statt. In verschiedenen klassenübergreifenden Arbeitsgemeinschaften werden Besonderheiten anderer Länder erarbeitet, exotische Gerichte zubereitet, gebastelt, gemalt – und dabei noch eine Menge gelernt. Am Ende der Projektwoche wird den Eltern in der Schule präsentiert, was unsere Kinder über die Kinder der Welt und ihre Länder herausgefunden haben.

Schulkinder arbeiten zum Thema „Indien"

Spenden für das Patenkind und das Kinderheim

Pulheim (rp). Ihren „Sinish"-Projekttag hat die Dietrich-Bonhoeffer-Schule veranstaltet. Eigentlich hätte dieser Tag unter dem Motto „Indien" stehen sollen, denn Lehrer und Schüler arbeiteten zuvor und am Tag selbst altersspezifisch zu Themen wie Indien, Dritte Welt, Kinderarbeit und ähnlichem. Das Ziel ist die Sensibilisierung der Kinder für die Probleme der Menschen in Indien. Doch da die Schulkinder schon seit einigen Jahren Paten eines poliokranken Kindes in Südindien namens „Sinish" sind, gaben sie ihrem Projekttag diesen Namen. Regelmäßig sammeln die SchülerInnen auf Taschengeldbasis für die Behandlung und Ausbildung des mittlerweile Zehnjährigen.

Der Tag begann mit einem gemeinsamen Gottesdienst in der Turnhalle, und war am Vormittag indienspezifischen Aufgaben gewidmet.

Ein Dia-Vortrag vermittelte aktuelle Informationen über das Patenkind.

Den Abschluß bildete ein gemeinsames Essen aller Kinder in der Turnhalle, bei dem es nichts Süßes zu trinken gab, sondern Wasser - fast so wie in Indien. Für Sinish und das Kinderheim kam eine Summe von 1.000 Mark zusammen, die die Eltern spontan gespendet hatten. Davon soll ein Solarofen angeschafft werden.

Pulheimer Wochenende 17.3.1999

Alle versammeln sich zum Essen (Reis mit indischer Soße) in der Turnhalle
Foto: S. Herrmann

Europa: 284 Kinder gingen auf eine Entdeckungsreise

Projektwoche in der Dietrich-Bonhoeffer-Schule – Über 500 Besucher

Pulheim (gp). Noch bis Freitagabend wurde in der Dietrich-Bonhoeffer-Schule emsig gewerkelt, dekoriert und gebastelt.

Schließlich war Samstag der große Tag, an dem die 284 Kinder und 13 Lehrer(innen) der Pulheimer Grundschule die Ergebnisse ihrer Projektwoche präsentieren wollten.

Auf ein kosmopolitisches Thema hatte sich das Kollegium geeinigt: "Europa ist überall" hieß die Aufgabe für die 13 Gruppen, die aus Erst- und Zweitklässlern und aus den dritten und vierten Schuljahren gebildet worden waren.

Fächer- und klassenübergreifend ging es auf die Reise, jede Gruppe nahm sich ein Land vor. Mit dem Begriff "Europa" nahm man es nicht ganz so genau, denn auch Japan, Nordamerika und Australien waren vertreten.

Eine Woche lang beschäftigten sich die Kinder mit ihrem Land, lernten Religion, Kultur, Geographie kennen. Auch zum Kochlöffel griffen Lehrer und Schüler und kochten landestypische Gerichte.

Einen Ausschnitt dessen, was

■ Andere Länder lernten die Kinder der Dietrich-Bonhoefferschule im Unterricht kennen.　Foto: Petersen

sie erarbeitet hatten, präsentierten die Schüler stolz der Öffentlichkeit. Liebevoll hatten sie in den jeweiligen Klassenräumen "ihr" Land thematisiert.

Das Projekt stieß auf großes Interesse; schon am frühen Morgen drängelten sich zahlreiche Besucher in der Schule.

Schulleiter Bernhard Thomas, seit August Nachfolger von Alfred Dally, wertet die Projektwoche als vollen Erfolg:

"Durch diese Methode sollen die Kinder lernen, an einer Sache konsequent über einen längeren Zeitraum ohne den Klassenverband zu arbeiten." Ohne das starke Engagement der Lehrer und des Fördervereins wäre dieses Projekt jedoch nicht durchführbar gewesen. Am Tag der Präsentation hatten die Mitglieder des Fördervereins die Bewirtung der rund 500 interessierten Besucher übernommen.

Pulheimer Wochenende 25.2.1998

Spielend etwas über die Länder der Erde gelernt

Projektwoche an der Dietrich-Bonhoeffer-Schule

PULHEIM.(boe) Die Welt rückt enger zusammen. Datennetze verbinden Länder und Kontinente - was früher weit entfernt war, ist nun zum greifen nahe: Globalisierung wird dieser neue Trend genannt.

Um die Kinder der Dietrich-Bonhoeffer-Grundschule auch an diese neue Entwicklung heranzuführen und sie spielend mit ihr vertraut zu machen, hatten der Schulleiter Bernhard Thomas (45) und seine 13 Lehrer eine Projektwoche veranstaltet: Das Thema: »Kinder dieser Erde«. An einem Samstagvormittag stellten jetzt Kinder und Lehrer gemeinsam die Ergebnisse »ihrer« Projektwoche den Eltern und interessierten Besuchern vor.

Die Woche war bewußt fach- und klassenübergreifend veranstaltet worden. In 13 Gruppen hatten sich die 284 Kinder der Bonhoeffer-Schule mit je einem Land dieser Erde beschäftigt. Dabei kochten die Kinder gemeinsam nach Art des Landes, sie erstellten Karten der einzelnen Länder oder machten sich mit der Kultur und Sprache »ihres« ausgewählten Landes vertraut. So entstanden in den einzelnen Klassenzimmern lebendige und vielseitige Porträts der Länder.

Auch Tanzvorführungen gehörten zur Projektwoche an der Dietrich-Bonhoeffer-Schule. Foto: Boedler

Ausgestellt wurden sowohl die Länder Europas - wie Frankreich, Italien, Griechenland oder auch die Türkei - als auch ferne Länder wie Nordamerika, Australien oder Japan. Auf diese Weise wollten die Lehrer die Kinder sensibel für fremde Kulturen und Sitten machen.

Diesem Ziel dienten auch eine Ausstellung kurze Porträts, in denen sich die ausländischen Schüler und Schülerinnen und ihr Heimatland vorstellten. Bei der Präsentation der Projektwochen-Ergebnisse herrschte nun in den Räumen der Schule dichtes Gedränge, denn rund 500 interessierte Besucher waren gekommen - unter ihnen auch Pulheims Bürgermeister Clemens Kopp. Tatkräftig unterstützt wurden die Verantwortlichen der Projektwoche auch vom Förderverein der Dietrich-Bonhoeffer-Schule. Seit gut einem halben Jahr ist Bernhard Thomas Nachfolger des langjährigen Schulleiters Alfred Dally: »Ich fühle mich hier sehr wohl und ich habe ein starkes und fleißiges Kollegium«, sagt Bernhard Thomas. Insgesamt gibt es in der Schule zwölf Klassen und eine Schulkindergartengruppe.

Stadtblatt 28.2.1998

Förderunterricht für ausländische Kinder

Nicht nur das Verständnis unserer Kinder für andere Menschen, deren Gebräuche und Kultur wird an unserer Schule gefördert, sondern unsere Eltern und Lehrer bemühen sich immer wieder darum, ausländischen Kindern den Start in unserem Land und die Teilnahme am Unterricht zu erleichtern. Wie bereits erwähnt, gab es Ende der 50er Jahre für die Kinder aus den Ostblockgebieten intensiven Deutschunterricht. In den folgenden Jahren besuchen immer mehr Kinder anderer Nationalitäten unsere Schule. Im Schuljahr 1971/72 beschließen die

Lehrer, ihnen bei der Eingewöhnung in die neue Umgebung zu helfen: sie bieten Förderunterricht an. Die Gemeinde Pulheim unterstützt das Vorhaben finanziell.

„Nehmt Euch ein Beispiel daran"

Türke schrieb einen offenen Brief

Pulheim (hok) — Über den Zusatzunterricht für ausländische Kinder an der Dietrich-Bonhoeffer-Schule berichtete der „Kölner Stadt-Anzeiger" am 6. Januar. Atilla Nizamettin aus Köln hat ähnliche Probleme:

„Zuerst möchte ich der gesamten Schule Dietrich-Bonhoeffer in Pulheim für ihre Initiative recht herzlich danken. Ich selbst bin Vater von drei Kindern und seit 1964 als ausländischer Arbeitnehmer (Türke) bei den Ford-Werken in Köln tätig. Aus meiner derzeitigen Tätigkeit als Dolmetscher beim Betriebsrat kenne ich an erster Stelle die Sorgen und Nöte meiner Landsleute.

Seit Monaten versuche ich, meine – jetzt schulpflichtige – Tochter in einer deutschen Familie für einige Stunden am Tag unterzubringen. Aber alle meine Versuche blieben erfolglos. Seitdem meine Tochter in der Schule ist, ist sie sehr nervös. Dies ist nur darauf zurückzuführen, daß sie mit den deutschen Kindern einfach nicht richtig mitkommt. Aber meine Tochter hat gegenüber den anderen ausländischen Kindern den Vorteil, daß ich mich jeden Abend ein paar Stunden hinsetze und ihr die wenigen Worte, die ich mir als Dolmetscher in Deutschland angeeignet habe, beibringe. Aber über die Nöten und Sorgen, die mir meine Landsleute, die noch kein Wort Deutsch sprechen, sagen, möchte ich nicht schreiben. Dann würden jedem Deutschen die Haare zu Berge stehen. Zum Schluß möchte ich allen Schulen in Deutschland sagen, nehmt Euch ein Beispiel an der Schule in Pulheim. Dann habt ihr etwas Gutes für unsere Kinder getan (es trägt auch sehr viel zur besseren Völkerverständigung bei).

Ich möchte mich im Namen meiner Landesleute schon im voraus für das Verständnis bedanken."

Kölner Stadtanzeiger 12.1.1972

Rektor Dally schreibt zu diesem Brief einen Kommentar in die Schulchronik:

„Es tut sehr wohl, auch einmal von Eltern ein Lob zu bekommen."

Weil nach einer Weile das Interesse am Zusatz-Unterricht für die ausländischen Kinder deutlich nachlässt, wird er eine Zeit lang nicht mehr angeboten. In Pulheim wohnen mittlerweile viele Familien verschiedenster Nationalitäten, so dass im Jahre 2000 ein solcher Förderunterricht wieder eingerichtet wird. Schwerpunkte sind dabei Hausaufgabenhilfe und deutscher Sprachunterricht. Die Dietrich-Bonhoeffer- Schule gehört zu den Schulen, die sich an diesem Projekt des Ausländerbeirates beteiligen.

Tag der Offenen Tür

Wenn eine Schule für die Schüler und ihre Familien so viel zu bieten hat, möchten sich die Eltern zukünftiger Schüler die Einrichtung vor der Anmeldung ihrer Sprösslinge gerne ansehen. Dafür gibt es jedes Jahr an einem Samstag im Herbst den Tag der Offenen Tür. Hier können Kinder und Eltern sich die Klassenräume anschauen und beim Unterricht zusehen. Das Angebot wird von vielen Familien genutzt, die bei der Gelegenheit auch die zukünftigen Lehrer ihrer Kinder kennen lernen können. Schüler der vierten Klassen betreuen mit großem Eifer den Getränkestand.

Offene Türen in der Bonhoeffer-Schule

Eltern drückten erneut die Schulbank

Pulheim(KV). Viel Getümmel herrschte in den Klassenräumen der Dietrich-Bonhoeffer-Schule in der Auweilerstraße. Nicht nur die Kinder nahmen am "Tag der offenen Tür" am Unterricht teil.

Auch die Eltern der insgesamt 330 Schüler waren mit von der Partie. Die Papas und Mamas sahen ihrem Nachwuchs beim "pauken" über die Schulter, ließen sich Lernmaterial zeigen und den Unterrichtsstoff erklären. "Transparenz und Kooperation mit der Elternschaft sind für uns sehr wichtig", erklärte Schulleiter Bernhard Thomas zu diesem ganz besonderen Tag. "Darüber hinaus können sich die Leute, die ihre Kinder hier anmelden wollen, einmal anschauen, wofür sie sich entschieden haben." Die Prinzipien der Offenheit und des selbstbestimmten Lernens machten die Grundschule so attraktiv. "Im vergangenen Schuljahr mussten wir eine zusätzliche erste Klasse einrichten, weil wir enorm viele Anmeldungen hatten", sagte Thomas. Wie es mit den jetzigen I-Dötzchen wird, weiß Thomas erst am 16. November. "Dann ist die Anmeldefrist abgelaufen." So, wie es am Wochenende schien, muss Thomas auch dieses Mal mit vielen Interessenten rechnen. Das zweistöckige Schulgebäude war voll mit Eltern, die sich recht interessiert über den Schulbetrieb informierten. Die Schüler der vierten Klassen versüßten iren Gästen den Tag mit kleinen Leckereien, die sie an einem Extratisch verteilten. •

Die Eltern konnten den Pänz während des Unterrichts über die Schulter schauen und sich einen Überblick über die Arbeit in einer Grundschule machen. Foto: Preuß

Stadtblatt 28.10.2000

Foto: A. Salitz-Schatten

Unsere Schulzeitung

Wenn an einer Schule immer so viel geboten wird, braucht man ein Medium, in dem alle Beteiligten über die Geschehnisse auf dem Laufenden gehalten werden.

Aus diesem Grund gibt es seit dem Sommer 1999 eine Schulzeitung. Die erste Ausgabe heißt noch ganz einfach „Schulzeitung"; im Rahmen eines Schülerwettbewerbs können Ideen für einen Namen abgegeben werden. Der Vorschlag eines Viertklässlers passt für unser Blatt am besten, und seitdem heißt unsere Zeitung

AUWEILER
Lustige und aktuelle News

Herausgeber unserer Schulzeitung, die in loser Folge erscheint, ist die Schulpflegschaft. Immer wenn Termine anstehen, etwas Interessantes zu berichten ist oder Beiträge zu den verschiedensten Themen bei der Redaktion abgeben wurden, gibt es wieder eine neue Ausgabe. Mittlerweile besteht das Heft aus einer bunten Mischung aus Beiträgen aller Art – Artikel, Fotos, Rezepte, Witze, Tauschecke, selbstgemalte Bilder - von Schülern, Eltern und Lehrern.

Im Jahr 2000 wird in mehreren Beiträgen über ein Ereignis der besonderen Art berichtet: unser Schuljubiläum. Die evangelische Schule zog 1960 in das neu errichtete Gebäude an der Auweiler Straße um. Um das 40jährige Jubiläum gebührend zu feiern, finden verteilt auf das Jahr 2000 verschiedene Festlichkeiten statt. An einer Schule sind die Schüler das Wichtigste – auch bei den Feiern hatten die Kinder im wahrsten Sinne des Wortes ganz wichtige Rollen zu spielen.

40 Jahre sind vergangen –
im Jahr 2000 feiert die evangelische Grundschule Jubiläum

Eine lieb gewonnene Tradition unserer Schule sind große Theateraufführungen, an denen alle Schüler in irgendeiner Form beteiligt sind. Ob es nun vor oder hinter der Bühne, im Orchester oder beim Basteln und Malen der Kulissen ist: beim Theater gibt es immer eine Menge zu tun, und hier findet jeder den Platz, an dem er sich am wohlsten fühlt, und die Aufgabe, die ihm am meisten Spaß macht.

Luminata 1985

„Der Weihnachtsapfel"   Hänsel und Gretel 6./7.12.1989

Im Jubiläumsjahr wird diese Tradition mit der Aufführung des Theaterstückes „Peterchens und Annelieses Mondfahrt" fortgeführt.

Die Kulisse wird in den Monaten vorher von Schülern und Lehrern in mühevoller Kleinarbeit angefertigt; die Eltern schaffen die Kostüme herbei, nähen sie teilweise sogar selbst. Immer wieder finden Sprech- und Tanzproben statt, damit bei den Aufführungen auch wirklich alles klappt.

Und dennoch geht es auch bei der Aufführung nicht ohne die „guten Geister" im Hintergrund: die Regie, die Technik, die Souffleuse, den Musikchef und nicht zu vergessen all den Eltern, die hinter der Bühne den Kindern die Zeit bis zu ihrem Auftritt mit Spielen verkürzen und ihnen beim Umziehen helfen.

Zu den Aufführungen kommen nicht nur die Eltern, Geschwister und Freunde der beteiligten Kinder, sondern auch viele Honoratioren aus Pulheim. Die Begeisterung über die schauspielerischen und tänzerischen Leistungen der Kinder ist allseits groß. Auch die Presse äußert sich sehr positiv über das große Ereignis.

„Peterchens und Annelieses Mondfahrt"
(Szenenfotos, aufgenommen bei den Proben)
Fotos: G. Kühn und A. Salitz-Schatten

Herr Franken und zwei Schüler vom Gymnasium Pulheim haben die Technik „voll im Griff"

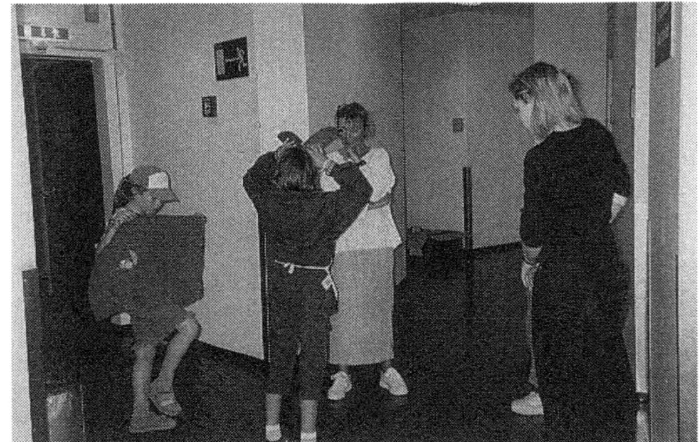

„Sind meine Ohren noch dran?" Im Garderobentrakt des Köster-Saals
Fotos: oben rechts: G. Kühn; oben links und unten: A. Salitz-Schatten

Die schauspielerischen Qualitäten der Kinder sind schon enorm, aber besonders die tänzerischen Einlagen der ersten und zweiten Klassen, die von einer Szene zur nächsten überleiten und von fetziger Musik begleitet sind, reißen das Publikum zu Beifallsstürmen hin. Deshalb werden sie in den kommenden Monaten bei verschiedenen Gelegenheiten erneut vorgeführt: bei der Einschulung im August, beim Jahrestag der Schul-Einweihung im September und beim evangelischen Gemeindefest im Herbst.

Aber bevor es so weit ist, stehen erst noch einige weitere Jubiläumsfeiern auf dem Programm: kurz vor den Sommerferien steigt in der Turnhalle eine Oldie-Fete mit Musik aus den vergangenen 40 Jahren. Extra für diesen Anlass wurde bereits Monate vorher eine Band – bestehend aus unserem Rektor Herrn Thomas sowie mehreren Eltern unserer Schule – gegründet. Woche für Woche wurde fleißig im Musikraum geübt, bis man am Oldie-Abend die anwesenden Eltern und Lehrer mit einem Potpourri der bekanntesten Stücke aus den 60er Jahren überraschen kann.
Für die Gäste gibt es an diesem Abend alles, was das Herz begehrt: genug Platz zum „abrocken", aber auch ein gemütliches Plätzchen zum Ausruhen und Plaudern. Der Förderverein sorgte mit reichlich Getränken und Essen für das leibliche Wohl.

192 Kinder - vier Lehrer - zwei Klassenräume

Pulheim.(vmo) Als 1960 der Neubau der Dietrich Bonhoeffer-Schule fertiggestellt wurde atmeten Kinder, Eltern und Lehrer auf.

Akuter Raummangel herrschte damals. Denn das Provisorium der evangelischen Schule in Pulheim hatte nur zwei Klassenräume für 192 Kinder und vier Lehrer.

Dass diesem Missstand vor 40 Jahren Anhilfe geschaffen wurde, das will die Schule nun ausgiebig feiern. Am Mittwoch, dem 7. und Donnerstag, dem 8. Juni, jeweils um 19 Uhr, wird mit "Peterchens und Annelieses Mondfahrt" ein Kinderstück im Dr.-Hans-Köster-Saal aufgeführt.

Klassiker zum Geburtstag

Pulheim (km). Anlässlich des 40-jährigen Jubiläums der Dietrich-Bonhoeffer-Schule hatten die Verantwortlichen um Schulleiter Bernd Thomas in diesem Jahr ein großes Programm vorbereitet. Bereits die Eröffnungsveranstaltung, zu der über 600 Zuschauer und Ehrengäste aus Politik und Verwaltung in den Dr. Hans-Köster-Saal kamen, übertraf die Erwartungen der Anwesenden. Mit dem Theaterstück "Peterchens Mondfahrt" schafften es die Organisatoren, eine wichtige Maxime der Grundschule einzuhalten. "Alle der derzeit 300 Schülerinnen und Schüler sollten an einer der beiden Aufführungen beteiligt sein", erklärt Schulleiter Thomas, "und so standen die Schüler nicht nur als Schauspieler auf der Bühne, ganze Scharen von Erst- und Zweitklässlern tanzten zwischen den Theaterpassagen." Alle anderen Kinder hatten in mühsamer Kleinarbeit die Kulisse hergestellt oder agierten als Statisten, Sänger oder Geräuschemacher. Insgesamt 300 Schülerinnen und Schüler waren am Theaterstück "Peterchens Mondfahrt" beteiligt.

Foto: Meier

Pulheimer Wochenende 19.7.2000

Die Reise zum Mond als Gemeinschaftsleistung

Pulheim. (jb) Die Dietrich-Bonhoeffer-Grundschule feiert 40-jähriges Jubiläum, und gleich zum Auftakt ihres Jubeljahres waren Kinder, Eltern und Lehrer gleichermaßen auf den Beinen. Gemeinsam hatten sie das Märchen "Peterchens Mondfahrt" auf die Bühne gebracht.

In einer kleinen Ansprache erinnerte Direktor Bernd Thomas daran, dass die evangelische Grundschule ihren Namen zu Ehren eines Menschen trägt, der mit seinem Leben gezeigt hat, wie wichtig Offenheit, Zivilcourage und Kritikfähigkeit sind. Diese menschlichen Qualitäten gehören auch zu den wichtigsten Erziehungszielen der Grundschule. Ein weiterer Aspekt des Schullebens ist die Gemeinschaft. "Den Kindern soll gezeigt werden, wie viel sie in der Gemeinschaft auf die Beine stellen können", so die Schulpflegschaftsvorsitzende.

Ein eindrucksvolles Beispiel für eine solche gemeinsame Leistung war das Theaterstück, das an zwei Abenden im Dr.-Hans-Köster-Saal von allen 310 Kindern aufgeführt wurde. Dabei übernahmen Kinder des dritten und vierten Schuljahres die Sprechrollen, die Kleineren lockerten die Geschichte durch fetzige Tanzeinlagen auf. Das ganze Lehrerkollegium hatte bei Planung, Organisation und Durchführung zusammengearbeitet, und auch die Eltern packten kräftig mit an: sie stellten ein Buffet bereit und halfen bei den Kostümen und dem Schminken der kleinen Akteure.

Und die Begeisterung der Kinder auf der Bühne schlug offenbar auf das Publikum über: schon am ersten Abend tanzten viele Zuschauer spontan beim großen Finaltanz mit.

Die Vorführung bildete die Auftaktveranstaltung eines Jahres voller Jubiläumsfeste. Der eigentliche Jahrestag der Einweihung des Schulgebäudes 1960 ist erst im September und wird mit einem großen Schulfest begangen.

Stadtblatt 17.6.2000

Gemeindefest: Orgelpfeifen kamen unter den Hammer

„Hast Du Töne" – Ein musikalischer Familientag rund um's Gemeindehaus

Pulheim (ks). Das diesjährige Motto des Gemeindefestes der evangelischen Kirchengemeinde lautete: „Hast Du Töne". Bevor rund um das gemeindehaus kräftig gefeiert wurde, bildete der Familiengottesdienst von Pfarrerin Sabine Petzke den offiziellen Auftakt zu einem unterhaltsamen tag für Jung und Alt.

Der musikalische Titel des Festteages war dann anschließend auch Programm. Neben einer „musikalischen Familienstafette" bildete die Versteigerung von zwei original Orgelpfeifen einen der Höhepunkte des Gemeindefestes. Kinder der Dietrich-Bonhoeffer-Grundschule zeigten ihr tänzerisches Talent und führten mit ihren Klassen einige Stücke aus „Peterchen's Mondfahrt" auf. Es war nicht ihr erster Auftritt, sie hatten das Stück bereits mit großem Erfolg vor Publikum gezeigt.

Großen Anklang bei den kleinen Besuchern fand die Hüpfburg, für die Älteren war der Bücherbasar von besonderem Interesse.

Und dann waren da noch die langen Röhren, Musikintrumente, die den australischen Digeridoos nachempfunden waren. Viele Besucher versuchten, diesen unhandlichen „Instrumenten" die typisch brummenden Töne zu entlocken. Nicht immer mit Erfolg.

Pulheimer Wochenende 11.10.2000

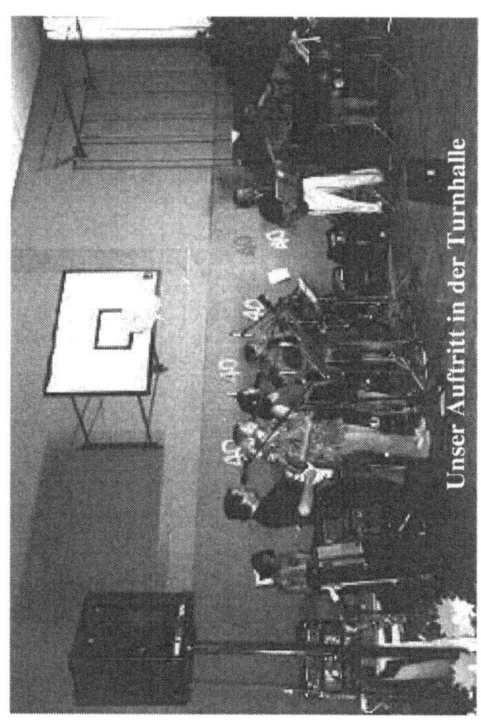

Unser Auftritt in der Turnhalle

Das eigentliche Jubiläum wird am 19. September 2000 gefeiert. An diesem Tag vor 40 Jahren wurde die neu erbaute Schule eingeweiht. Um das Ereignis entsprechend zu feiern, hatten sich die Lehrer etwas besonderes ausgedacht: jedes Schulkind bekommt am Morgen einen aufgeblasenen Luftballon, und bevor die über 300 Ballons dann für den Luftballonwettbewerb auf dem Schulhof gestartet werden, stellen sich die Kinder so auf, dass sie mit ihren Ballons eine riesige „40" bilden. Trotz des leichten Windes funktioniert alles reibungslos; einige Luftballons verfangen sich zwar schon kurz nach dem Start in einem Baum, werden aber am nächsten Tag von der Jugendfeuerwehr „gerettet" und verspätet auf die Reise geschickt.

Zur Erinnerung an diesen Tag wird auf dem Schulhof ein junger Nussbaum gepflanzt, und an einer jungen Birke werden viele gute Wünsche für die Zukunft der Schule befestigt, die unsere Schulkinder in den Tagen vorher auf Blätter aus Papier geschrieben haben. Am Schluss dieses Buches sind einige dieser Wünsche nachzulesen.
Bei strahlendem Sonnenschein führen die Schüler der unteren Klassen zur großen Freude aller Kinder und Eltern nochmals die Tänze vor, die sie für das Theaterstück „Peterchens und Annelieses Mondfahrt" einstudiert hatten.

Oben: viele Eltern und Großeltern sind zur Feier auf den Schulhof gekommen
Unten: Warten auf den Start der Luftballons
Fotos: A. Salitz-Schatten

Endlich ist es so weit:
Links: Ballonstart; rechts: ein Baum voller guter Wünsche
Fotos: A. Salitz-Schatten

Damit auch möglichst viele „Ehemalige" zu unseren Jubiläumsfeiern kommen können, gibt es im Juni 2000 eine Sendung über unsere Schule und das anstehende Jubiläum im Bürgerfunk von Radio Erft. Unser Rektor Herr Thomas fährt mit Frau Rosenberger, den beiden Vorsitzenden von Förderverein beziehungsweise Schulpflegschaft und zwei Kindern der Klasse 3a ins Studio, um die Sendung aufzuzeichnen.

Marius Eckert während der Aufzeichnung der Sendung
Foto: A. Salitz-Schatten

Eine Schule feiert sich selbst

Ein besonders schönes Bild ergaben die hunderte von Luftballons, als sie von den Kindern auf die Reise geschickt wurden. Die Karten, die daranhängen, sind natürlich an sie rückadressiert und sollen über das Ende dieser Reise Aufschluss geben. Foto: Butterworth

Pulheim. (jb) Am 19. September 1960 fand in der Auweiler Straße die feierliche Einweihung der ersten evangelischen Grundschule Pulheims statt. Genau vierzig Jahre danach stieg an der selben Stelle wieder ein großes Fest: das Jubiläum der Dietrich-Bonhoeffer-Schule nach vier abgeschlossenen Jahrzehnten wollte ordentlich gefeiert werden.

Aus diesem Anlass ging es auf dem Schulhof hoch her: Die Kinder führten ihren Eltern einstudierte Lieder und Tänze vor. Danach behängten sie einen dazu erkorenen "Wunschbaum" mit kleinen Zetteln, auf denen sie ihre Wünsche für die Schule aufgeschrieben hatten. Fromme Wünsche, die noch nichts von Schulverdrossenheit oder "Null-Bock"-Stimmung vermuten lassen: "Liebe Schule, ich wünsche dir, dass du noch lange stehen bleibst", war da auf einem der Zettelchen zu lesen.

Eine bleibende Erinnerung an das Fest wird den Kindern sicherlich der Baum sein, den die Klassensprecher aller Klassen im Anschluss an die Feier auf dem Schulhof pflanzten. "Wenn ihr eure Enkel dann einmal hier von der Schule abholen werdet, könnt ihr ihnen erzählen, dass ihr ihn gepflanzt habt", so Schulleiter Bernhard Thomas.

Den Auftakt des Jubiläumsjahres 2000 hatte die Schule bereits mit zwei Aufführungen von "Peterchens Mondfahrt" im Köster-Saal gefeiert. Bei dem Projekt hatten viele Eltern und alle Lehrer und Schüler mitgewirkt.

Stadtblatt 23.9.2000

Elternschulung am Computer

Bonhoeffer-Schule investiert in Freizeitgestaltung und Fortbildung

kom **Pulheim** – Wer es farbenfroh mochte, war hier richtig: Mit bunten Ballons, Tänzen und Liedern wurde das 40-jährige Bestehen der Dietrich-Bonhoeffer-Schule gefeiert. Die Schule an der Auweilerstraße war 1960 gegründet worden, weil eine Reihe von Aussiedlern und Flüchtlingen protestantischen Glaubens nach Pulheim gezogen war. In der Gemeinde gab es bis dahin nur die katholische Volksschule an der Bachstraße.

Die evangelische Schule, benannt nach dem im KZ Flossenbürg hingerichteten Theologen Dietrich Bonhoeffer, wird seit zwei Jahren von Bernhard Thomas geleitet. Er steht einem Kollegium aus 16 Lehrern vor, darunter zwei Männer. Die Einrichtung hat von den steigenden Schülerzahlen der letzten Monate profitiert. 336 Pänz werden in der dreizügig geführten Schule unterrichtet. Und erstmals wird das erste Schuljahr vierzügig geführt.

Seit 1993 gibt es das Angebot, die Kinder über Mittag zu betreuen. Dazu wurde ein Verein gegründet, der aus einer Elterninitiative entstand, berichtet Vereinsvorsitzender Dieter Leitzgen. In drei Gruppen mit jeweils 52 Kindern sind drei ausgebildete Erzieherinnen aktiv. Es geht um sinnvolle Freizeitgestaltung – im Gebäude, aber auch auf dem Hof. Hausaufga-

EINE ÜBERDIMENSIONALE „40" stellten die Kinder auf dem Hof der Pulheimer Dietrich-Bonhoeffer-Schule mit ihren Ballons im Rahmen der Feiern zum Festjahr dar. (Bild: privat)

benhilfe steht nicht auf dem Programm. Die Bonhoeffer-Schule, die laut Schulpflegschaftsvorsitzender Adelheid Schatten kreisweit eine Vorreiterrolle beim Konzept der „bewegten Pause" (also sinnvoller Gestaltung der Pausenzeit) spielte, will weiter in die Ausgestaltung des Schulhofs investieren.

So sollen Stelzen, Ringe, Seile und anderes angeschafft werden, die dann von den Kindern der vierten Klassen an die jüngeren Mitschüler ausgeliehen werden. In naher Zukunft wird ein zentraler Computerraum eröffnet. Zwar stehen PCs schon in jedem Klassenzimmer, doch sind sie nicht ans Internet an-

geschlossen. In dem Computerraum ist geplant, dass Eltern von Eltern geschult werden – so, wie es auf der schulinternen Zukunftskonferenz vor zwei Jahren geplant war. Zum 40-jährigen Bestehen der Schule wird in Kürze auch ein Buch herausgegeben, das im Handel erhältlich ist.

Das sagen unsere Kinder über ihre Schule ...

„Wir haben einen tollen Direktor, der sich immer bemüht, die Schule für uns Kinder schöner zu machen. Dank ihm haben wir die schönsten Schulhöfe der Welt, und in jedem Klassenzimmer steht ein Computer, an dem alle gern arbeiten. Das Schulgebäude ist aus rotem Backstein."

„Herr Thomas ist nett und freundlich. Er liest uns in der Pause etwas vor. Manchmal ist er auch sehr witzig. Es ist toll, dass Herr Thomas so viele Instrumente spielen kann. Ich finde es gut, dass wir zwei Klassensprecher haben. Meine Schule ist groß und schön. Wir haben sogar eine Bücherei. Unser Schulhof ist groß und schön und wir haben da schon viele Feste gefeiert. Manchmal singen wir mit Herrn Thomas in der Klasse oder spielen Schnapp hat den Hut verloren. Wenn ich daran denke, dass ich bald die Schule verlassen muss, werde ich ganz traurig. Aber Herr Thomas wird mich nicht so schnell los, ich werde ihn oft besuchen."

„Meine Schule! Meine Schule ist eine Grundschule. Das 1. und 2. Schuljahr ist im unteren Teil der Schule. Meine Klasse ist im Obergeschoss, ich bin ja schon im 3. Schuljahr. Auch die 4. Schuljahre sind oben. Direkt neben meiner Klasse ist die Schulbücherei. Da kann man sich Bücher ausleihen. Ich gehe gerne schwimmen. Wir fahren dann mit dem Bus ins Schwimmbad. Wir haben direkt an der Schule eine Turnhalle. Da haben wir mit Frau Schumacher turnen. Das mache ich auch gerne."

„An unserer Schule finde ich schön das jährliche Sport-Spiele- und Schwimmfest. Dass es bei uns die SMV[*] gibt, finde ich toll. Mir gefällt auch, dass bei der Einschulung etwas vorgeführt wird und bei der Verabschiedung der 4.Klässler die dritten Schuljahre etwas vorführen." [*]
SMV = Schülermitverwaltung

„In diese Schule ist mein Papa früher hingegangen, und jetzt gehe ich mit meinem Bruder auf die Schule. In der Schule ist es schön, denn hier haben wir schwimmen. Ich finde es gut, dass an der Schule auch eine Turnhalle angebaut ist."

Auf der nächsten Seite sind einige der guten Wünsche zusammengestellt, die von den Kindern bei der Jubiläumsveranstaltung im September 2000 auf dem Schulhof an die Birke gehängt wurden.

... und das wünschen die Kinder ihrer Schule:

Ich wünsche der Schule fleißige Kinder und glückliche Lehrer

Ich wünsche, dass die Schule nie zusammenbricht

Ich wünsche mir, dass die Schule so bleibt wie sie ist

Ich wünsche mir, dass die Lehrer so lieb bleiben wie sie sind

Ich wünsche mir, dass die Lehrer sich weiterhin so gut verstehen

Ich wünsche der Schule viele glückliche Kinder

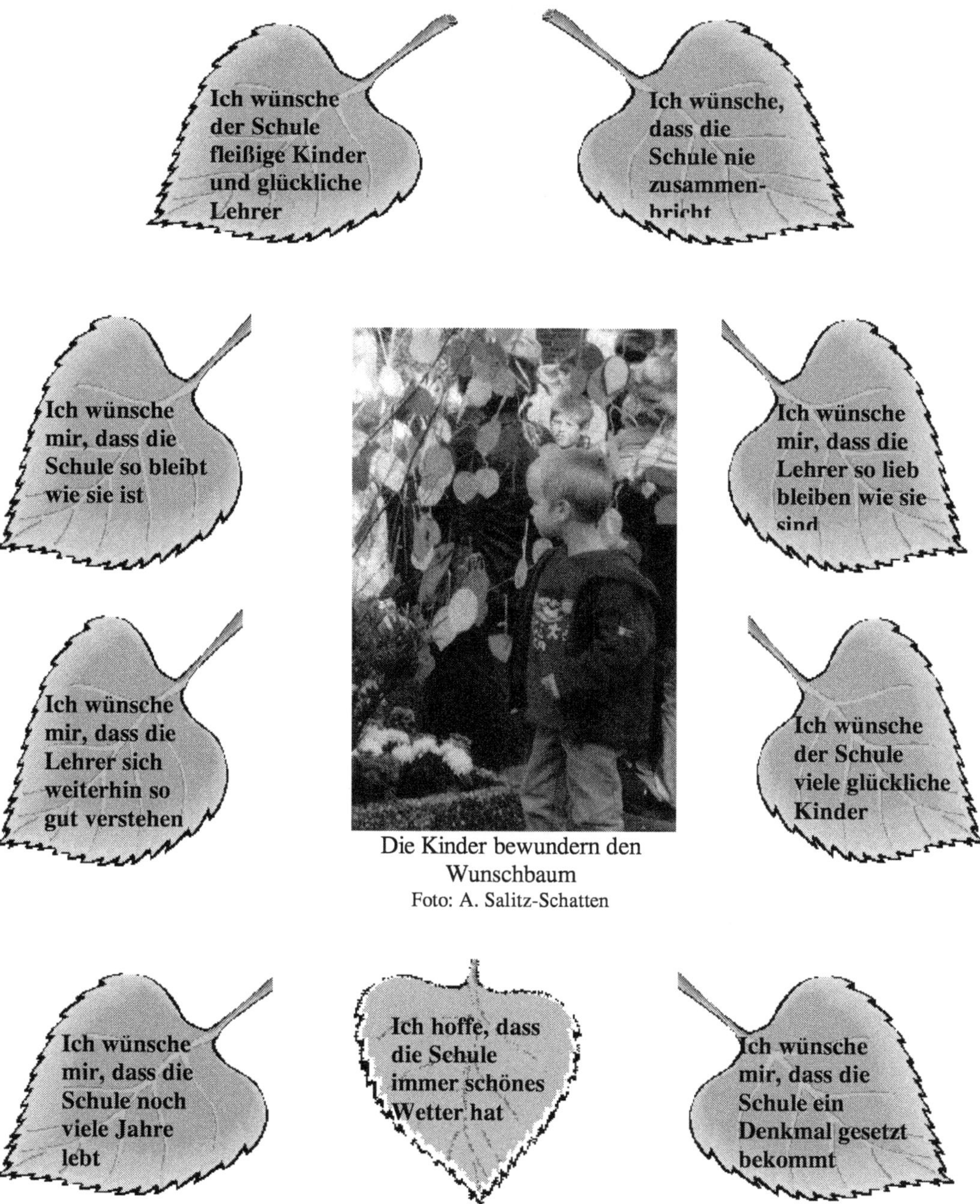

Die Kinder bewundern den Wunschbaum
Foto: A. Salitz-Schatten

Ich wünsche mir, dass die Schule noch viele Jahre lebt

Ich hoffe, dass die Schule immer schönes Wetter hat

Ich wünsche mir, dass die Schule ein Denkmal gesetzt bekommt